»PASSAT«

Das abenteuerliche
Leben eines
Windjammers

KURT GROBECKER

»PASSAT«

Das abenteuerliche

Leben eines Windjammers

LN-VERLAG LÜBECK

Bild neben Titel: Die Takelage eines Großseglers
ist für den Laien ein verwirrendes Geheimnis . . .
An den Masten der »Passat« sind die Wappen der Hansestädte
Lübeck, Bremen und Hamburg zu erkennen.

Vorsatz: Risse der »Passat«

Autor und Verlag danken der HANDELSBANK IN LÜBECK AG,
welche die Herausgabe dieses Buches in besonderer Weise gefördert hat.

Umschlaggestaltung: Bernd G. Reichert, Hamburg
Buchgestaltung: Heinz Weiemann

ISBN 3-87498-321 – 8

Gesamtherstellung: LN-Druck, Lübeck
Printed in Germany

Inhalt

Zur Einstimmung

Die meisten Schiffe – ganz gleich, wie stolz sie einmal über die Weltmeere dahingezogen sein mögen – beenden ihr Leben auf einer Abwrackwerft, deren poetische Umschreibung als »Schiffsfriedhof« das wahre Elend der schneidbrennerzerlegten Schrotthaufen verschleiert. Der »Passat« blieb dieses würdelose Schicksal erspart.

Was aber bleibt einem Schiff, das weder als Schrotthaufen endet noch im Kampf mit den Elementen unterliegt und von sturmdurchpeitschter See an die Grenze seiner Existenz geführt wird? Allzuviel Spielraum hat es zwischen diesen beiden Extremen nicht. Genaugenommen bleibt nur eine: beschäftigungs- und nutzlos an irgendeiner Pier vertäut vor sich hin zu siechen, um eines Tages an Altersschwäche das Zeitliche zu segnen . . .

Auch der »Passat«, wie die »Pamir« eine der Schwestern aus der Familie der legendären Flying-P-Liner, schien ein solches Schiffsschicksal zwischen den Extremen beschert zu sein. Ihre letzte Reise endete sang- und klanglos in Lissabon. Weniger glückliche Umstände hätten sie sogar zu einem Opfer der See werden lassen können. Aber die Erfahrung der Stammbesatzung ersparte der »Passat« einen solchen spektakulären Abgang von der Bühne der internationalen Windjammerfahrt.

Sie fand ihren letzten Heimathafen in Travemünde und wurde dort an der Priwall-Halbinsel vertäut. Bald aber stellte sich heraus, daß der finanzielle Aufwand, der erforderlich ist, um das Schiff zu erhalten, den finanziellen Rahmen einer Stadt spengen mußte, deren historische Bausubstanz ihr ohnehin ein kaum zu bewältigendes denkmalpflegerisches Engagement abverlangt. Private Initiative sprang ein und bewahrte die »Passat« vor dem drohenden Verfall. Dem Verein »Rettet die Passat« gelang es, die Wellen der Hilfsbereitschaft, der Spendenfreude und der Begeisterung für die Erhaltung der Viermastbark in geordnete Bahnen zu lenken.

Dieses Buch will das erregende Leben der »Passat« nachzeichnen: die Geburt der Viermastbark zu einer Zeit, als kaum noch ein Reeder auf die Kraft des Windes vertrauen mochte, die abenteuerlichen Salpeterfahrten von Südamerika nach Europa, die »Weizenregatten«, die mit geradezu sportlichem Eifer ausgetragen wurden und bei denen sich die »Passat« gute Plätze ersegelte, schließlich den wohlüberlegten Umbau Anfang der fünfziger Jahre zu einem frachttragenden Schulschiff.

Das Buch will aber auch zeigen, was Privatinitiative leisten kann, wenn es gilt, erhaltenswerte Zeugnisse der Vergangenheit in die Zukunft hinüberzuretten. K. G.

Zum 70. Geburtstag der »Passat« spendierte die Post einen Sonderstempel. Zum »Fünfundsiebzigsten« hat der Postminister eine Sondermarke in Aussicht gestellt.

Impressionen am Priwall

»Nehmen Sie man Kabine 9, die ist bequem. Da hat früher immer der Schiffsarzt gewohnt.« Der Leiter des Deutsch-Französischen Jugendwerks, das die »Passat« als eine Art schwimmende Jugendherberge im Dienst der Völkerverständigung nutzt, drückt mir einen Bettbezug und ein Laken in die Hand.

Bettenbauen war schon auf Klassenreisen meine Lieblings-Beschäftigung. Aber was hilft's. Ich hatte mir ja eine »stilechte« Übernachtung an Bord der guten alten Dame ausdrücklich gewünscht.

»Vor Ort Inspirationen sammeln« nennen das die Reporter der alten Schule. Außerdem signalisiert Bettwäsche ja schon einen gehobenen, für Windjammer ganz ungewöhnlichen Komfort. Fünfzig Jahre früher hätte ich mich vielleicht in eine Hängematte quälen und die nächtliche Gesellschaft schnarchender Matrosen ertragen müssen . . .

Kabine 9 hat tatsächlich einen Hauch von Exklusivität: ein gemütliches zweisitziges Sofa aus schwarzem Leder, umbaut von Schrank und Koje aus warm-dunkelbraunem Mahagoni, das dem engen Raum Behaglichkeit vermittelt. Unwiederbringliche Ästhetik der „Vor-Kunststoff"-Ära!

Über einem kleinen Schreibtisch mit wenig Platz für die Beine hängt eine kardanisch befestigte Wandlampe mit einem grünen Blechschirm. Wie mag ihr bescheidener Lichtkegel einst über die Tischplatte und die Bodenbretter getanzt sein, wenn das Schiff im Kampf gegen die sturmgepeitschte See »überholte« und sich gefährlich auf die Seite legte oder wenn der Wind den Bug in die Wellenberge drückte. Eine genügend hohe Seitenverkleidung der Koje verhinderte, daß in solchen Situationen »Mann über Bord« gehen konnte. Man lag eingepfercht zwischen Bettkante und Schiffswand und wird dankbar gewesen sein, daß nicht viel Platz für einen vom Seegang erzwungenen Positionswechsel blieb.

Auch das festverschraubte Bullauge etwas oberhalb der Matratze wird bei Sturmfahrten kein allzu verlockendes Angebot gewesen sein. Zwölf bis fünfzehn Meter hohe Wellen – die im Herbst und Winter auf dem Atlantik zu den normalen Wetterbedingungen zählen

– werden selbst von Seebären, die nicht davor zurückschrecken, dem »Teufel ein Ohr abzusegeln«, nicht gerade als Einladung zum »Sightseeing« empfunden worden sein . . .

Was waren das für Männer, die das Leben auf sicherem Boden mit monatelangen Entbehrungen auf dieser kleinen schwankenden Welt vertauschten? Denen keine Anstrengung, keine Strapaze zu groß war, eines der erregendsten Abenteuer zu erleben und mitzugestalten, das dieses Dasein einem Mann zu bieten hat? Männer, die sich in der Enge des Vorschiffs zusammenpferchen ließen, sich gekrümmt in Hängematten von der harten Wache erholten? Seefahrtbesessene harte Jungen, die der penetrante Geruch von feuchter Kleidung, Teer und Schweiß zu einer aufopferungsbereiten Kameradschaft zusammenschmiedete, statt sie voneinander zu entfernen. Draufgänger, die nach und nach lernten, ihre Aggressionen, die solche unvorstellbare Enge zwangsläufig wachsen lassen mußte, in dem Bewußtsein des Aufeinander-angewiesen-Seins zu beherrschen oder gar umzuleiten in einen unerschütterlichen Behauptungs- und Siegeswillen gegenüber den Gewalten der Natur.

Waren sie mutig, die letzten Helden der Seefahrt? Oder verfügten sie nur über eine ausgeprägte Fähigkeit, den Sinn für Gefahren zu verdrängen und damit nach und nach zu verlernen?

Was bedeutete für die Besatzungen auf den Windjammern das unermeßlich weite Meer, dem sie sich auf einer einzigen Reise zwischen den Kontinenten mehr als hundert Tage anvertrauten? War es für sie ein feindliches Element, das sie zu vernichten trachtete, wenn sie auch nur einen Augenblick nicht auf der Hut waren? Erlebten sie die aufgetürmten Wellen der sturmgepeitschten See als schicksalhafte Bedrohung ihrer Existenz, eine Bedrohung, der sie nur entgehen konnten, wenn es Neptun gut mit ihnen meinte? Was alles mögen sie während tobender Stürme nachts in ihrer Koje den Göttern des Meeres heimlich versprochen haben, wenn er sie nur dieses eine Mal noch verschonte . . .?

Empfanden sie – Stunden, manchmal Tage später – den glatten, grünblauen Spiegel des Ozeans, den nur noch eine leichte Brise kräuselte, als heimtückische Verstellung der Meeresgeister, die nur darauf aus waren, den Menschen auf ihren Wogen in Sicherheit zu wiegen, um ihn dann um so leichter zu sich in die Tiefe hinabziehen zu können? Oder erlebten die Männer an Bord das Meer als Garanten jener Freiheit, um die wir Landratten die Seeleute so oft beneiden?

Das neue Wahrzeichen Travemündes

10

Freiheit an Bord eines Windjammers? Dazu eines Schulschiffs, das die »Passat« in den letzten fünf Jahren ihres aktiven Seglerlebens war? Schließt nicht die strenge Hierarchie, das lebensnotwendige System von Befehl und Gehorsam, die Ordnung durch Unterordnung, gerade diese Freiheit aus?

Der alte Kapitän, der sich stolz »Kap-Hoornier« nennen darf und der jetzt als Mitglied des Nautischen Vereins die Führungen an Bord der »Passat« macht, den Besuchern zu erklären versucht, was einst sein Lebensinhalt war, schüttelt den Kopf. »Freiheit ist es, die Angst zu überwinden, wenn einen die Offiziere in die Wanten schicken, um völlig auf sich selbst gestellt – eben frei – die Handgriffe zu tun, von denen das eigene Leben und das der Kameraden abhängt . . .«

Der Blick des Kapitäns gleitet abschätzend am Großmast empor. »52 Meter, das ist verdammt hoch. Jeder Meter, den man nach oben muß, kann bei Sturm und Eis zur Qual werden. Aber« – fügt er augenzwinkernd hinzu – »so hoch ist es ja nicht immer. Wenn das Schiff 20 oder 25 Grad krängt, sich auf die Seite legt, kommt man ja ein ganzes Stück näher zur Wasseroberfläche . . .«

Die Fähren und der Windjammer: Begegnung zweier Welten

Auf den kaum noch schwankenden Planken eines in der Flußmündung verankerten Windjammers ist das leicht gesagt! Nur wenn sich die großen Fähr- und Frachtschiffe mit reduzierter Maschinenkraft behäbig in den Trichter der Travemündung hineinschieben und ihre sich zu einem riesigen Dreieck ausweitende Bugwelle zum Priwall herüberschicken, gerät die »Passat« ein bißchen in Bewegung. Etwa einen Meter Spielraum lassen ihr die Ankerketten. Zu wenig, um dem Gast an Bord die Illusion von einem fahrenden Schiff zu vermitteln, aber ausreichend, um die alte Dame an allen Nahtstellen ihres eisernen Rumpfes ächzen und stöhnen zu lassen, gleichsam, als wollte sie die Geschichte ihrer abenteuerlichen Sturmfahrten erzählen und sich mit der unverkennbaren Stimme einer vor sich hin dümpelnden Veteranin die ihr gebührende Aufmerksamkeit erzwingen.

Ein bißchen Stöhnen gehört auch hier zum Handwerk! Wenngleich es solcher Seefahrtsromantik verbreitenden Zutaten nicht bedürfte, um die »Passat« als unauslöschlichen Eindruck im Bewußtsein ihrer jährlich 80 000 Besucher und Gäste zu verankern. Man kann sich nur schwer entscheiden, was man mehr bewundern soll: die Schönheit des Schiffes, seine leicht geschwungenen Linien, die Harmonie der Decksaufbauten – obwohl einige von ihnen erst beim Umbau zum Segelschulschiff in den fünfziger Jahren hinzugefügt wurden – oder die Größe des Seglers. Was aus der sicheren Entfernung vom anderen Trave-Ufer neben den zumeist lieblos hochgezogenen, allenfalls an strenger Funktionalität orientierten Bordwänden der Ostseefähren eher bescheiden wirkt, gewinnt beachtliche Dimensionen, wenn man seinen Fuß auf die hölzernen Planken der »eisernen Lady« gesetzt hat. Die Takelage wächst zu schwindelerregender Höhe, wenn man am Großmast senkrecht in die tiefhängenden Wolken blickt, die sich über dem Festland bedrohlich zusammenballen und die – als Vorboten aufkommender Naturgewalten – vom Wind nordostwärts getrieben werden . . .

Das neue Wahrzeichen von Travemünde: Symbol einer großen Epoche der Schiffahrtsgeschichte.

Welch eine Faszination mag von diesem Bild ausgegangen sein, wenn sich unter grauen Wolken schneeweiße Segel blähten, und die Offiziere darüber nachzudenken begannen, wann es an der Zeit sei, die oberen der insgesamt 34 Segel reffen zu lassen, um Schiff und Mannschaft in den Kräften des zunehmenden Windes nicht über Gebühr zu fordern.

Und was alles hat dieser Großsegler trotz aller Fürsorge fast ein halbes Jahrhundert lang aushalten müssen und überlebt. Jetzt, da er für weitere hundert Jahre unter nicht ganz so harten Bedingungen hergerichtet wird, begreift man die Leistungen der Schiffbauer, die hier am Ende einer Seefahrtsepoche noch einmal ein aufsehenerregendes Meisterstück ihrer Kunst und in vielen Generationen gesammelten Erfahrung abgeliefert haben. Daß die Zeit ihr Zerstörungswerk unnachgiebig und konsequent betrieben hat, kann man ihnen nicht anlasten. Die Takelage war nicht für die Ewigkeit bestimmt, und das beste Eichen- und Buchenholz, das für die Nagelbänke und andere hölzerne Aufbauten verwendet wurde, ist nicht geschaffen, den dauernden Angriffen des salzigen Meerwassers, der heißen Tropenwinde und der sengenden Sonnenstrahlen zu widerstehen. Warum es überhaupt so lange durchgehalten hat und erst jetzt zu kostspieligen Erneuerungs- und Konservierungsarbeiten zwingt, ist das Geheimnis der Schiffbauingenieure der Hamburger Werft Blohm + Voss. Noch heute sind die Mitarbeiter der Bauwerft stolz auf die Leistung ihrer Kollegen aus der Kaiserzeit und greifen – ebenso wie die Familie Blohm – gelegentlich tief in die Tasche, um ihren Teil zur Erhaltung der »Passat« beizutragen. Dafür dürfen sie am Fockmast der »Passat« das Wappen ihrer Heimatstadt Hamburg bestaunen, während am Kreuzmast der Lübecker Doppeladler prangt.

Meisterwerk der Schiffbauer

Inzwischen hat sich die Dämmerung eines frühen Maiabends über die flache Küstenlandschaft der Lübecker Bucht gelegt. Die disziplinier-

12

te Geschäftigkeit der jungen Leute, die hier mit dem Deutsch-Französischen Jugendwerk erste Segelerfahrungen sammeln, ist fröhlicher Ausgelassenheit gewichen. Müde dümpeln die Boote in dem kleinen Yachthafen an der Backbordseite der »Passat« vor sich hin, sorgsam abgeschirmt von den Bewegungen des Stromes durch die große alte Dame der Segelschiffzeit. Würde sie nicht ihren stählernen Rumpf zum Schutz der vielen hundert Boote gegen die Wellen der See stemmen, müßten die Lübecker Hafenbauer an dieser Stelle eine kostspielige Mole errichten. So hat denn die prominente Pensionärin auch jetzt noch eine maritime Funktion zu erfüllen. Niemand soll sagen, sie würde sich nicht wenigstens einen Teil ihres Gnadenbrots selbst verdienen . . .

Ein Windjammer als Mole

Pünktlich um 20.30 Uhr schiebt sich ein weißes Passagierschiff der TT-Saga-Linie in den schmalen Trichter der Travemündung hinein. Nur für knapp drei Stunden wird sie in ihrem Heimathafen festmachen. Die Reeder unserer Zeit denken in »Schiffsumläufen«; nur ein fahrendes Schiff macht Gewinn, und da zählt jede Stunde!
Fast lautlos gleitet die Schweden-Fähre mit ihrem Reederei-Signum, der stilisierten blauen Welle auf dem gelben Schornstein, an uns vorüber. Über dem Salon in großen Leuchtbuchstaben der in der Abenddämmerung weithin sichtbare Schiffsname »Nils Holgersson«. Es ist der Name jener Märchenfigur eines ungezogenen schwedischen Bauernjungen, der in einen Däumling verwandelt wird und diese Rolle so lange spielen muß, bis er geläutert ist und eine gute Gesinnung angenommen hat.
Fast ist dieser Name ein Symbol für die Existenz der Windjammer! Sind nicht die Apologeten der Großsegler dem Argument mangelnder Wirtschaftlichkeit immer mit dem Hinweis auf ihren unschätzbaren Wert für die Ausbildung und Erziehung seemännischen Nachwuchses entgegengetreten? »Gute Gesinnung«, das sind nach ihrer Meinung Mut, Fairneß, Kameradschaftlichkeit, Einsatzbereitschaft, Verantwortungsbewußtsein, wohl auch Härte, Beharrungsvermögen und Durchsetzungskraft – eben jene Eigenschaften, die einem Schiffsoffizier als unverzichtbare Tugenden angerechnet werden. Sie sind im Dienst auf einem Windjammer am selbstverständlichsten zu erwerben und weiterzuentwickeln. Das jedenfalls behaupten die alten Fahrensleute, die selbst noch die Härte der Ausbildung vor dem Mast »genossen« haben.

Erziehung »vor dem Mast«

Oberhalb der Kommandobrücke der »Nils Holgersson« dreht sich – auch jetzt im Hafen und bei bester Sicht – die langgestreckte Radarantenne, Symbol für die Schiffssicherheit auf dichtbefahrenen Routen, Kennzeichen eines bis ins letzte Detail durchrationalisierten und technisierten Schiffsbetriebs . . . Wie mag den Nautikern an Bord eines solchen Musterbeispiels schwimmender Elektronik zumute sein, wenn sie die Steuerbordseite der »Passat« passieren? Bleibt ihnen Zeit für ein Fünkchen Nostalgie? Können sie es sich leisten, an die Romantik der Seefahrt zu denken, von stolzgeblähten Segeln unter weißen Wolken zu träumen, während sie auf dem Radarschirm gebannt den kreisenden Strahl verfolgen, der ihnen durch ausgefranste, verwischte Leuchtpunkte zeigt, aus welcher Richtung ihrem eigenen Schiff Gefahr drohen könnte?

Die Schiffsseele und der Klabautermann

Und wie ist das mit der vielzitierten Seele eines Schiffes? Alte Seebären schwören, daß es sie so sicher gibt wie den Klabautermann. Muß nicht die Seele der »Passat« in eine Art Glücksrausch verfallen angesichts dieser auf technische Hilfen und Krücken angewiesenen modernen Schwester? Darf die alte Dame nicht bis an ihr Lebensende den unbeschreiblichen Triumph genießen, mit ihrer eigenen Sensibilität und dem Instinkt ihrer Besatzung mindestens ebenso weit gekommen zu sein wie die Turbinen-Renner zwei Schiffsgenerationen später?

Sicher: Es gab dramatische und vielleicht vermeidbare Unglücksfälle, auch in der Familie der P-Liner, in unmittelbarer Verwandtschaft der »Passat« also. Da war der tragische Verlust der »Pamir« – eine Katastrophe für die gesamte Großsegelschiffahrt, deren Ende durch den Untergang der Viermastbark besiegelt wurde.

Das Unglück steckt vielen Menschen an der Küste noch heute – ein Vierteljahrhundert danach – in den Knochen. In der Lübecker Jacobikirche gilt eine alljährliche Feierstunde dem Gedenken der 80 Seeleute, die mit diesem Schiff den Tod fanden. In der Kirche werden auch die Reste eines der Rettungsboote aufbewahrt . . .

Andere, nicht weniger dramatische Schiffskatastrophen sind längst vergessen. Eine hat sogar zum Bau der »Passat« geführt: Als nämlich das 1902 in Geestmünde gebaute größte Segelschiff seiner Zeit, das fünfmastige Vollschiff »Preußen«, im November 1910 nach einer Havarie unterging, sann der Reeder Ferdinand Laeisz auf Ersatz.

Eine »Königin« dankt ab – eine »Prinzessin« wird geboren

Seiner »Königin der Meere« mit rund 8000 Tonnen Tragfähigkeit ließ er Schiffe folgen, die den etwas bescheideneren Titel »Prinzessinnen« wohl verdienten. Sie waren kleiner als der Supersegler »Preußen«, dafür aber gebrauchsfähiger. Eine dieser Prinzessinnen war die »Passat«, die 1911 auf ihre Jungfernreise ging.

15

Auf der gegenüberliegenden Traveseite sind inzwischen die Lichter angegangen. Eine Perlenkette von Straßenlampen und erleuchteten Fenstern in der Häuserzeile an der Uferstraße spiegelt sich vieltausendfach in dem windgekräuselten Seewasser, angereichert durch den matten Glanz der roten und grünen Positionslaternen vorbeifahrender Fischerboote. Dahinter die sich gegen den dunkelblauen Abendhimmel deutlich abhebende Silhouette Travemündes, jenes Ortes, der sich innerhalb weniger Generationen vom bescheidenen Fischerdorf zum attraktiven, weltbekannten Seebad gemausert hat, ohne seinen Charme zu verlieren, und der zum letzten und würdigen Heimathafen der »Passat« wurde. Ein Bild der Harmonie und, ohne Zweifel die angemessene Kulisse für einen erhaltenswerten Windjammer. Der Ort wird eingerahmt von dem alten, massiven Kirchturm, der das etwas vom Ufer zurückgezogene Zentrum der Ansiedlung markiert, und dem noch älteren Leuchtturm, einem etwas trostlos wirkenden bräunlich-grauen Backsteinbau. Aber wie soll schon ein Leuchtturm aussehen, den die sturmlaufende Zeit arbeitslos gemacht hat? 500 Jahre lang hat er der eigenen Schiffahrt heimgeleuchtet und den fremden Handelsschiffen mit all ihren Schätzen an Bord den Weg nach der Hanse-Hauptstadt Lübeck gewiesen, dann wurde er sang- und klanglos degradiert. Der dreimal so hohe Hotelturm auf einer Landzunge unmittelbar hinter der Hafenmole hat ihn übertrumpft. Nicht einmal mehr Wahrzeichen darf der seiner Funktion Beraubte sein. Wie sollte er auch, angesichts seiner Unscheinbarkeit? Die Plastiktütenarmee der Butterfahrer, deren Erfolgserlebnis darin besteht, ein Fläschchen Schnaps und ein paar Zigaretten (möglichst ein paar mehr, als die diensttreuen Zöllner erlauben dürfen) an Land des meerumschlungenen Schleswig-Holstein gebracht zu haben, marschiert ohnehin an ihm vorbei, ohne den Altgedienten eines Blickes zu würdigen. Und die anderen Touristen, die kulturelle Werte durchaus zu schätzen wissen, finden das kleine Hinweisschild am Sockel des Turmes nur zufällig.

Hotel contra Leuchtturm

So hat denn die »Passat« die tragende Rolle eines Travemünder Wahrzeichens übernommen. Und sie spielt diese Rolle mit der angemessenen Würde einer betagten Dame. Sich über die Kosten ihrer Existenz Sorgen zu machen, wäre unfein. Dieses Problem haben andere: Am Anfang eines jeden Jahres wird den Lübecker Stadtvätern die Rechnung präsentiert. Die Bürgerschaft kommt dann nicht daran vorbei, das Thema »Passat« auf ihre Tagesordnung zu setzen. Da nehmen die Damen und Herren Abgeordneten dann alle Jahre

*Die »Passat« unter vollen Segeln: 4100 Quadratmeter Fläche,
verteilt auf 34 Segel. Damit erreichte der
Windjammer eine Spitzengeschwindigkeit von 16,4 Knoten.*

wieder mit skeptischen Gesichtern zur Kenntnis, daß sie sich ihr Travemünder Wahrzeichen viel mehr kosten lassen müssen, als ihnen angesichts der angespannten Haushaltslage recht sein kann. Nur etwa ein Drittel der stattlichen Summe, die sie ihr Renommier-Segler kostet, bringt das Schiff selbst ein. Der größere Rest geht zu Lasten des Steuerzahlers . . .

Hätte sich der gute Herr Laeisz das träumen lassen, als er seine »Passat« für 680 000 Goldmark in Auftrag gab? Unten im Salon hängt sein Bild – einträchtig neben dem des späteren Eigners Gustaf Erikson –, und der Hamburger Kaufmann sieht nicht aus wie jemand, der sich Illusionen machte. Sowenig er ahnen konnte, daß er ein späteres »Kulturdenkmal« auf Kiel legte, so wenig wird er in seine hanseatisch-nüchternen Kalkulationen auch nur den Funken eines Gedankens an die vage Möglichkeit einbezogen haben, daß sein Schiff eines Tages weniger verdienen als kosten (und trotzdem gepflegt werden) würde.

Ein Vermögen für ein »Kulturdenkmal«

An Deck ist es inzwischen kühl geworden. Die Feuchtigkeit der Seeluft legt sich wie ein glitzernder Film auf die Planken, die dadurch so glitschig werden, als hätten sie shantysingende Schiffsjungen gerade eben mit Schmierseife eingerieben. Ein leichter Wind kommt auf. Die grüne Zeltplane, die das Kartenhaus überspannt, beginnt zu flattern und vertreibt für kurze Zeit die Möwen, die es sich bis zum nächsten Fischfang auf den Brasswinden, zwischen den Pollern und auf den Gangspillen bequem gemacht haben. Die tiefschwarzen Öffnungen der Lüfter gähnen in den Abend.

Ihre Müdigkeit steckt an. Sogar die jungen Leute aus Frankreich und der Bundesrepublik, die noch vor einer halben Stunde über die Laufbrücken tobten und auf dem Brückendeck ausgelassene und lautstarke Völkerverständigung praktizierten, haben sich in ihre Kojen zurückgezogen. Der regelmäßige Wellenschlag gegen die Bordwand macht müde; ebenso das sanfte Gurgeln des Wassers zwischen Schiff und Anlegebrücke, das gelegentliche Rasseln der Ankerketten und das leise Knirschen, wenn sich das Holz des Anlegers am Schiffsrumpf reibt.

Unten im mahagonigetäfelten Salon, einer gediegenen Kombination aus schlichter Eleganz und hanseatischer Behaglichkeit, ist an einem solchen Abend gut sitzen. Die Gelegenheit wird genutzt. Nicht nur von denen, die dafür bezahlen müssen und auf diese Weise dazu beitragen, die »Passat« zu erhalten. Manchmal kommt auch die

»Besatzung« auf einen Sprung herein, die Handvoll Männer, die hier für Ordnung sorgen: Der Schiffszimmermann, ein Bootsmann, der Schlosser, die Wachoffiziere für den Nachtdienst oder der Leiter des Deutsch-Französischen Jugendwerks. Gelegentlich kommt auch der Taklermeister dazu, der im Auftrag seiner Firma hier seine vielleicht nicht lukrativste, wohl aber interessanteste Arbeit gefunden hat.

Der Kapitänssalon, der sich so gut eignet, ein zünftiges Seemannsgarn zu spinnen, wird dann zu einer Art Krisenkabinett, in dem die nächsten Schritte der gemeinsamen Aufgabe erörtert werden. Was sie auch beschließen: Von der Wand, aus einem bescheidenen Holzrahmen, lächelt gütig, wissend und unergründlich der alte Laeisz, der Vater der »Passat«. Sein feines Gesicht mit der scharfgeschnittenen Nase läßt den intelligenten, kühlen Rechner erahnen, bei dem jedes Risiko ein hanseatisch-wohlkalkuliertes sein muß. Ein Mann, dem die strenge Familientradition gebietet, auch in Zeiten des Erfolgs maßvoll zu sein und in Zeiten des Mißerfolgs zuzupacken, statt zu klagen.

Das Erbe, das er von seinem Vater übernahm, war in der Geburtsstunde der »Passat« schon drei Generationen alt. 1825 hatte Ferdinand B. Laeisz in Hamburg eine Firma gegründet, deren Zweck es war, Seidenhüte an den Mann – genauer: an die Dame – zu bringen. Der Auswanderer-Kontinent Südamerika wurde zum Hauptabsatzgebiet, und zwar so erfolgreich, daß Vater und Sohn Carl 1852 beschlossen, ihre Ausfuhrgüter auf eigenen Schiffen zu transportieren. So phantasiereich Vater und Sohn ihr Geschäft betrieben, so schwer taten sie sich bei den Namen, die sie ihren Schiffen geben mußten. Als ihnen für einen ihrer ersten Segler beim besten Willen nichts einfallen wollte, entschieden sie sich für den Kosenamen der *Ein Lockenkopf* Juniorchefin. Sie war die Tochter eines Schiffsmaklers und wurde *stand Pate* wegen ihres üppig gelockten Haares wenig schmeichelhaft »Pudel« genannt. Und als das erste Schiff dieses Namens durch den Ärmelkanal segelte, beschlossen Vater und Sohn, es mit der schöpferischen Phantasie nun auch genug sein und fortan alle ihre Schiffsnamen mit einem »P« anfangen zu lassen.

Zunächst kam nicht viel dabei heraus. Ein Schiff namens »Aminta« mußte sich in »Pluto« umtaufen lassen, und für den Segler »Flottbeck« fiel den Reedern nichts anderes ein als »Professor«. – Dann aber wurden die Schiffe größer und das »P« am Anfang ihres Namens zu einem Begriff. Man nannte sie »P-Liner« und später, in Anspielung auf ihre zunehmende Reisegeschwindigkeit, »Flying-P-Liner«.

19

65 Segler der Laeisz-Flotte waren solche P-Liner, 17 davon Viermast-barken wie die »Passat«.

Als die Taufpatin – eine rundliche Dame namens Gertrud Grau, deren Foto als Geschenk an die Besatzung die Zeiten überdauert hat und ebenfalls im Salon zu sehen ist – ihre Sektflasche gegen den Bug des Schiffes mit der Werftnummer 206 warf, lautete ihr Trinkspruch:

Der Sturm bedroht in der Nordsee den Segler.
Dichter Nebel im verkehrsreichen Kanal bereitet Gefahr.
Des Ozeans ganze Wucht trifft ihn in der Biscaya.
Erst wenn der Wendekreis überschritten,
zieht mit den vom Passat geschwellten Segeln
das Schiff in schnellem Lauf seinem Ziele zu.
Mögen günstige Winde Dich, Du stolzes Schiff,
stets schnell und sicher in den schützenden Hafen geleiten.
Diesem Wunsch soll Dein Name Ausdruck geben.
Ich taufe Dich PASSAT!

Blick auf das Deck mit den gewaltigen Lüftern

Die Wanten haben den Mast seitlich abzustützen

September 1957:
Der Tod einer Halbschwester

Die letzte Reise der »Passat« stand unter einer erschütternden und lähmenden Ungewißheit.

In Buenos Aires hatte das Schiff kurz nach einem Stauer-Streik Getreide geladen. Das war nichts Ungewöhnliches für die Männer an Bord. Und auch das schlechte Wetter, das in der Mündung des La Plata herrschte, war kein Grund zur Aufregung. Zwar mußte die »Passat« schon am Beginn ihrer Reise nach Europa einen Umweg segeln, um aus dem Einfluß des Brasilstroms heraus möglichst weit von der Küste wegzukommen, aber auch das war Routine und hatte für die Besatzung nichts Beunruhigendes.

Was die Stimmung an Bord jedoch drückte, war die Ungewißheit über die »Pamir«. Vergeblich hatte der Kapitän versucht, den SOS-Ruf, den der Funker aufgefangen hatte, geheimzuhalten. Zunächst,

Die »Pamir« funkt SOS

20

weil er selbst nicht an die Unglücksnachricht glauben mochte, vor allem aber, um die zum Teil noch unerfahrenen jungen Seeleute nicht in Unruhe zu versetzen. Aber eine so bewegende Meldung, die alle Männer an Bord der »Passat« bis ins Innerste erschüttern mußte, ließ sich einfach nicht geheimhalten. Gerüchte waren schlimmer als die bitterste Wahrheit. So blieb dem Kapitän nichts übrig, als seiner Mannschaft einen ausführlichen Bericht über die Lage zu geben – soweit sie ihm selbst bekannt war.

Genaue Informationen über den tatsächlichen Ausgang der Katastrophe hätten nicht furchtbarer und demoralisierender sein können als die bruchstückhaft aufgefangenen Meldungen. Und auch die Nachricht, daß wahrscheinlich ein Teil der Besatzung gerettet worden sei, war für die Männer auf dem »Schwesterschiff« nur ein schwacher Trost.

Ein Augenzeuge berichtete später: »Kapitän Grubbe benutzte den sonntäglichen Appell, der nach alter Tradition bei gestoppter Maschine achterdeck vorgenommen wurde . . . Er war aber selbst von der Schicksalshaftigkeit überwältigt und blieb in seiner Ansprache stecken . . .«

Sonntäglicher Appell: Ein Kapitän bleibt stecken

Viel Zeit hatte der Kapitän ohnehin nicht. Kurz nach dem Appell kam der langersehnte Wind auf, und der Kapitän mußte seine Jungen in die Wanten schicken, um das Schiff für die Überfahrt nach Europa klarzumachen.

Erst als die »Passat« im November in Lissabon angekommen war – übrigens auch nicht ohne Schwierigkeiten –, erfuhr die Besatzung Einzelheiten über das Ende des Schwesterschiffes:

Am 21. September hatte der Hurrikan »Carrie« plötzlich seinen von Wetterflugzeugen verfolgten Kurs geändert. Die Viermastbark »Pamir«, mit 4000 Tonnen Gerste auf der Heimreise von Buenos Aires nach Hamburg, war von der Wetterfunkstation gewarnt worden, daß der Hurrikan sie einholen würde. Kapitän Diebitsch, Kommandant über das Schiff und 85 Mann Besatzung, darunter 51 in der Seefahrt noch verhältnismäßig unerfahrene Zöglinge, ließ sein Schiff sturmklar machen: Lüfteröffnungen abdichten, Strecktaue ziehen, an denen sich die Leute bei starkem Seegang festhalten konnten, Netze spannen, die verhindern sollten, daß die Männer über Bord gespült würden, Segel einholen, solange der schnell zunehmende Sturm dazu noch Zeit ließ. Etwa gegen zehn Uhr mußte die Arbeit abgebrochen werden, und schon eine Stunde später wurde das Oberdeck von Brechern überflutet. Der Kapitän befahl, den Versuch zu unterneh-

»Carrie« holt die »Pamir« ein

Schwere See überrollt das Schiff

Sturm am Kap Hoorn: Bewährungsprobe für Schiff und Mannschaft

men, die noch nicht eingeholten Segel abzuschneiden. Aber er konnte es nicht mehr verhindern, daß sich sein Schiff um mehr als 40 Grad auf die Seite legte.

Der Sturm hatte inzwischen Orkanstärke erreicht. Erste Rettungsboote rissen sich los und gingen über Bord. Den beiden Rudergängern gelang es nicht, die »Pamir« vor den Wind zu legen. Kurz nach halb zwölf funkte sie ihre Position in den Äther und bat in der Nähe liegende Schiffe, mit ihr Kontakt aufzunehmen und sich für einen Seenotfall bereitzuhalten.

Innerhalb der nächsten Stunde kam es zu einem dramatischen Funkverkehr zwischen der »Pamir« und einer Reihe amerikanischer und norwegischer Frachter. Kurz nach 13 Uhr Ortszeit ließ Kapitän Diebitsch SOS funken. Das Schiff hatte Wasser aufgenommen und wurde mehrfach von der schweren See überrollt. Kurz darauf kenterte es.

Die wenigen Überlebenden berichteten später, die »Pamir« habe nur etwa 30 Sekunden auf dem Wasser gelegen, bis die Fluten über ihr zusammenschlugen.

Knapp fünf Stunden später waren die ersten Hilfsschiffe in der Nähe der Position, auf der die deutsche Viermastbark gesunken war. Mit ihrem Eintreffen begann die größte zivile Rettungsaktion aller Zeiten. 78 Schiffe aus 15 Nationen suchten eine Woche lang nach Überlebenden, aber sie fanden nur sechs der insgesamt 86 Besatzungsmitglieder.

Die Seeamtsverhandlung im Lübecker Rathaus hat später einige bemerkenswerte Tatsachen zutage gefördert, die darauf hindeuten, daß dieses tragische Unglück vielleicht vermeidbar gewesen wäre. Die Schiffsführung, so hieß es, habe die Gefahr für den Segler unterschätzt. Tatsächlich war der Kapitän als »Ersatzmann« für einen erkrankten Kollegen eingesprungen und mit dem Schiff nicht allzu gut vertraut. Es war sein erstes Kommando auf einem Segler dieser Größe.

Da es nicht mehr gelungen war, alle Segel zu kappen, hat die »Pamir« nach Meinung der Fachleute zur Zeit des Unglücks zu viele Segel geführt. Hinzu kamen Mängel in der Rettungsausrüstung. Das Schiff war mit veralteten Schwimmwesten ausgestattet, die nicht – wie neue Modelle – das Ertrinken Besinnungsloser verhindern. Vielen der Jungen mag dieser Mangel das Leben gekostet haben.

Der härteste Vorwurf aber, der in dem Seeamtsspruch zum Ausdruck kam, betraf die Getreideladung. Sie war nicht in Säcken gestaut, wie

*»In die Wanten« –
Bei weniger
schönem Wetter
kostete der
Spaß einige
Überwindung*

*Symbol der Windjammer-Romantik:
Stolzgeblähte
Segel unter
weißen Wolken . . .*

***Dreißig Sekunden
Todeskampf***

***80 Männer finden
den Seemannstod***

***Das Seeamt
übt Kritik***

24

es noch zu Zeiten der großen »Weizenregatten« für nötig befunden wurde, sondern man hatte sie einfach als Schüttgut in den Laderaum gekippt. Zwar gab es Längsschotten, und die Besatzung hatte auch noch Zwischenbretter gelegt, aber sie konnte nicht verhindern, daß *Die Ladung* die Ladung bei schwerem Seegang verrutschte und das Schiff dadurch *geht über* in Schlagseite brachte. Die eingebauten Tieftanks, die mit Ballastwasser gefüllt werden sollten, um dem Segler bei Sturm eine bessere Stabilität zu geben, waren ebenfalls mit losem Getreide gefüllt worden. Auch diese Tatsache hat nach Ansicht der Experten zum Kentern der »Pamir« geführt und wurde später vom Seeamt als eine der Ursachen für die Katastrophe ausdrücklich erwähnt . . .

Als die Halbschwester »Passat« (sie war sechs Jahre jünger als die »Pamir«) am 8. November in Lissabon festmachte, wurde für ihre Besatzung die Spekulation um das Schicksal der »Pamir« zur schrecklichen Gewißheit.

Und noch etwas anderes stand den Männern von der »Passat« schlagartig vor Augen: wie leicht sie selbst zu Opfern hätten werden können. Auch ihr Schiff war für die letzte Fahrt mit losem Getreide beladen worden, auch die »Passat« war mit Schlagseite in Lissabon eingelaufen . . .

Rückblende auf die Kaiserzeit

Spätsommer 1911 – Stapellauf in Hamburg. Nichts Ungewöhnliches *Stapellauf bei B + V* in einem Hafen, der sich das Attribut »Tor zur Welt« erworben hat, aber immer wieder ein Ereignis, das ein paar tausend Neugierige auf die Beine bringt. Sie wollen dabeisein, wenn ein Schiff geboren wird. Und an diesem heißen Sommertag hatten sie sogar einen guten Grund dabeizusein. Es galt, einem majestätischen Großsegler die Ehre zu erweisen.

In allen Hamburger Zeitungen war der »Steckbrief« des neuen Windjammers zu lesen, und wenngleich die »Passat« nicht mit Superlativen aufwarten konnte, waren ihre Daten doch beeindruckend: 115 Meter lang und an der »dicksten« Stelle des schlanken Schiffskörpers fast fünfzehn Meter breit. Bei voller Beladung tauchte das Schiff sieben Meter tief in das Wasser ein. Die höchste Mastspitze ragte 56 Meter in den Himmel. Allein die Takelage wog 170 Tonnen. Zwar haben die Hamburger dieses Schiff nie unter vollen Segeln gesehen – die Enge eines vielbefahrenen Hafens läßt eine solche Zurschaustellung nicht zu –, aber ihre Phantasie reichte aus, sich die »Passat« mit 34 stehenden Segeln vorzustellen.

Viele Vergleichsmöglichkeiten hatten die Hamburger allerdings nicht. Segelschiffe gehörten 1911 schon nicht mehr zu den selbstverständlichen Gästen in einem Hafen. Und als die »Passat« vom Helgen bei Blohm + Voss in die Elbe glitt, mögen die jubelnden Menschen gespürt haben, daß sie Augenzeugen einer sich ihrem Ende zuneigenden Epoche der Seefahrt waren. Welch eine Leistung einer großen Reederpersönlichkeit!

Die Faszination des Vergangenen
War es trotziger Widerstand gegen die Zeit, die sich längst gegen den Wind als wirtschaftliche Antriebskraft gestellt hatte? War es der Versuch, eine Ideologie zu retten? Oder war es schlichte, ganz unhanseatische Sentimentalität, die Faszination des Vergangenen, der Wunsch, an die eigenen Erfolge des vergangenen Jahrhunderts anzuknüpfen?

Kaum 50 Jahre hatten Ferdinand und Carl Laeisz – Vater und Sohn – gebraucht, um ihre bescheidene Exportfirma mit einem 400 Tonnen tragenden Segelschiff zu einer der renommiertesten Reedereien auszubauen, der drittgrößten in Hamburg. Als Mitbegründer der HAPAG hatten sie sogar einen Fuß in dem Schiffahrtsunternehmen, um das die Welt Deutschland beneidete.

»P-Liner« als Markenzeichen
Ihr großes Verdienst aber, die Leistung, mit der sich der Name Laeisz in den Annalen der Seefahrtsgeschichte verewigen sollte, trägt das Markenzeichen »P-Liner«. Um die Mitte des 19. Jahrhunderts hatten Ferdinand und Carl Laeisz eine Bark auf den Namen »Pudel« taufen lassen und seitdem allen ihren Schiffen Namen gegeben, die mit einem »P« begannen. Insgesamt 65mal.

Ihre besondere Vorliebe galt der Viermastbark. 1877 hatte einer ihrer Konkurrenten zum erstenmal einen solchen Windjammer nicht mehr aus Holz, sondern aus Eisen bauen lassen. Carl Laeisz griff die Idee sofort auf, und ihm ist es auch zu verdanken, daß sich die Viermastbark in der Standardgröße um 3000 Bruttoregistertonnen zum erfolgreichsten und bei Seeleuten beliebtesten Frachtensegler entwickelte.

Größere Schiffe blieben Ausnahmen. Wenn auch Ausnahmen, die Aufsehen erregten. Und Laeisz trug seinen Teil dazu bei: Er hatte das Fünfmast-Vollschiff »Preußen« bauen lassen, dem allerdings kein glückliches Schicksal beschieden war. Nach einer von einem Fährschiff verschuldeten Havarie war die »Preußen« 1910 im Ärmelkanal gesunken. Der Kapitän hatte noch versucht, seinen Segler bei Dungeness unterhalb der Kreidefelsen von Dover zu ankern. Aber der aufkommende Sturm, der sich im Laufe des Tages zum Orkan verstärkte, drückte die »Preußen« auf ein Felsenriff. Der Todeskampf dauerte nicht lange. Zwar gelang es der Mannschaft, einen Teil der 8000-Tonnen-Ladung zu bergen; das Schiff selbst war jedoch nicht mehr zu retten, es brach auseinander.

Jahrzehntelang noch war das aus dem Wasser ragende Wrack des Fünfmasters ein Wallfahrtsort für Windjammer-Fans und zugleich ein Symbol für die Verletzlichkeit der Superschiffe jener Zeit.

Es waren weniger die technischen Probleme, die Laeisz veranlaßten, auf den Neubau eines Fünfmasters zu verzichten. Nüchterne wirtschaftliche Überlegungen ließen ihm keine andere Wahl. Es war unmöglich, in einem Hafen so viele Stückgutladungen zusammenzubekommen, daß man damit Segler von der Größe der »Preußen« auslasten konnte. Auf einer Reise mehrere Häfen anzulaufen war aber für die schwer manövrierbaren Vollschiffe zu zeitaufwendig. So war es wirtschaftlich vernünftig, als Ersatzbauten für die verlorengegangene »Preußen« wieder kleinere Schiffe in Auftrag zu geben.

680 000 Goldmark ließ sich der Hamburger Reeder seine »Passat« kosten. Er schien nicht den Funken eines Gedankens darauf zu verschwenden, ob Großsegler überhaupt noch zeitgemäß waren. Andere bezweifelten das. Immerhin hatten die ersten Jahre unseres Jahrhunderts den Aufbruch in neue technische Dimensionen fortgesetzt, die sich seit der Reichsgründung abzuzeichnen begonnen hatten: Junkers hatte gerade das erste Nur-Flügel-Flugzeug entwickelt, der Dieselmotor war so weit verfeinert worden, daß man ihn auch für Kraftwagen nutzen konnte, auf dem ersten Flug von München nach Berlin wurde die Rekordhöhe von 3900 Metern erreicht, das erste stromlinienförmige Luftschiff stieg auf, die Briten schickten den Superdampfer »Titanic« auf das verhängnisvolle Wettrennen um das Blaue Band . . .

Und in Hamburg setzte ein erfahrener und erfolgreicher Reeder noch einmal auf den Wind – die billigste, aber am wenigsten berechenbare Antriebsenergie.

Als die »Passat« in ihr Element glitt, ging Hamburgs »Jahrhundertbauwerk«, der 450 Meter lange Elbtunnel, gerade seiner Fertigstel-

Stapellauf bei Blohm + Voss: Im Spätsommer 1911 glitt der Rumpf der »Passat« in die Elbe.

680 000 Goldmark für eine Viermastbark

lung entgegen. Tausende von Hafen- und Werftarbeitern sollten nicht mehr auf die ständig überfüllten und viel zu langsamen Barkassen angewiesen sein, um zu ihren Arbeitsplätzen zu gelangen.

Die Zeit am Ausrüstungskai war für die »Passat« knapp bemessen. Nicht ganz neun Wochen waren laut Vertrag dafür vorgesehen, und Blohm + Voss hatte Liefertermine immer eingehalten.

Der Reeder hatte guten Grund zur Eile. Am Weihnachtsabend 1911 sollte sein Schiff den Hafen zur Jungfernreise verlassen. Bis dahin blieb viel zu tun. Die Zeiten waren längst vorbei, in denen die Windjammer mit einem Minimum an Komfort für die Besatzung ausgestattet waren. Sicher: Luxusschiffe konnten und sollten sie nicht sein. Der Prunk, mit dem die schwimmenden Paläste jener Zeit die Welt beeindruckten, war auf Großseglern allein vom Raumangebot her nicht denkbar. Aber gerade Laeisz gehörte zu den Reedern, die nicht auf das Geld sahen, wenn es darum ging, ihren Mannschaften auf See wenigstens einen Teil jener Bequemlichkeit zu bieten, die sich an Land langsam als selbstverständlich durchzusetzen begann. Jahrhundertelang hatte der Seemann seine Habseligkeiten in einer Seekiste aufbewahrt – auf der »Passat« gab man ihm unter dem Hochdeck mittschiffs einen eigenen Spind. Das Logis mußte er sich nur noch mit einem Dutzend Kameraden teilen – auch das war ein »sozialer Fortschritt«, der von älteren Fahrensleuten mit Erstaunen zur Kenntnis genommen wurde. Das Nonplusultra aber war die *Die Badewanne* Badewanne, die unter der Back – also unter dem Eßtisch – stand und *unter dem Eßtisch* von den Janmaaten ausgiebig benutzt wurde. Es sei denn, man segelte gerade in tropischen Zonen und hatte reichlich Regenwasser in einem Segeltuch auffangen können. In diesem Fall wurde der »Swimming-pool« an Deck bevorzugt.

Diese letzte Generation von Schnellseglern – nach der »Passat« wurden von Laeisz neben dem Schwesterschiff »Peking« nur noch drei Viermastbarken auf Kiel gelegt – setzte noch einmal Maßstäbe. Aber die Menschen, die beim Auslaufen des Seglers an den Landungsbrücken standen, um Schiff und Besatzung einen Abschied zuzuwinken, werden geahnt haben, daß es kaum noch in die Zukunft gerichtete Maßstäbe gewesen sein konnten . . .

Die Handelsschiffahrt unter Segeln hatte ihren Höhepunkt überschritten. Noch 1866 zählte die Hamburger Schiffsstatistik unter 517 seegehenden Fahrzeugen nur 22 Dampfer. Ein halbes Jahrhundert später hatte sich das Verhältnis umgekehrt. Dampfer waren zu den Eroberern der Ozeane geworden.

30

Es grenzte nahezu an ein Wunder, daß es Hamburger Reedern gelungen war, das Ruder einer Entwicklung noch einmal – wenn schon nicht herumzureißen, so doch für einen Atemzug der Geschichte festzuhalten. Während nämlich Engländer und Nordamerikaner ihre im 19. Jahrhundert unbestrittene Segler-Herrschaft auf den Meeren freiwillig aufgegeben hatten und die Segler-Tonnage überall auf der Welt abnahm, begann sie in der Hansestadt an der Elbe um 1890 herum wieder zu steigen. Und nicht nur das. Hamburgs Segler überboten an Größe und Leistungsfähigkeit fast alles, was bis dahin unter Rahsegeln gefahren war.

»Leinen los«
am Weihnachtsabend

Als die »Passat« am 24. Dezember 1911 morgens um acht die Leinen loswarf, stand ihr die erste Bewährungsprobe bevor: Rund um das Kap Hoorn sollte sie segeln und von dort weiter an der Westküste Südamerikas hoch nach dem chilenischen Hafen Valparaiso. Am Nachmittag desselben Tages erreichte sie die offene See, und Kapitän Wendler ließ volle Segel setzen. Jetzt erst konnte er ergründen, was sein Schiff »in sich« hatte. Mochten die theoretischen Kenntnisse des Zusammenwirkens von physikalischen Kräften auch noch so gut sein, mochten die Ingenieure auch noch so genau gerechnet und die Schiffbauer ihr Bestes gegeben haben – was ein Windjammer wirklich zu leisten vermag, zeigt sich erst in der Praxis. Ob sich das Schiff den Willen erfahrener Seeleute aufzwingen läßt oder ob es sich ihm eigenwillig zu widersetzen trachtet, ob der Segler es vorzieht, sich dem oft tödlichen Spiel der Naturgewalten bedingungslos auszusetzen oder ob er den Männern gehorcht, die mit ihrer Erfahrung und gelegentlich dem Mut der Verzweiflung alles daransetzen, das Unglück von ihm abzuwenden – dies alles erweist sich erst fernab jeder

Reißbrett-Philosophie
auf dem Prüfstand

Reißbrett-Philosophie draußen auf See.

Schon auf ihrer ersten Reise nach der Salpeterküste zeigte sich die »Passat« von ihrer besten Seite. Am 14. März 1912 kam sie in Valparaiso an. 80 Tage – das war allerdings keine Rekordzeit, und die Rückreise dauerte sogar noch 13 Tage länger. Aber schon bei ihrer zweiten Reise schaffte sie dieselbe Strecke in nur 73 Tagen, und dieses Ergebnis wurde später nur um drei Tage unterboten. Die »Passat« hatte sich ihren Ehrentitel »Flying-P-Liner« schon am Anfang ihrer »Fahrenszeit« redlich verdient!

Zwischenspiel in Iquique

Kaum hatte die »Passat« auf ihrer Jungfernreise volle Segel gesetzt und am 29. Dezember morgens Dungeness und kurz darauf Beachy Head passiert, da erreichte die Reederei eine Nachricht, die alle Kalkulationen durcheinanderbringen mußte: Die Versicherungsgesellschaften teilten mit, sie müßten die Prämien für Salpeterladungen um ein Drittel erhöhen. Damit stand die kommerzielle Großseglerfahrt vor erheblichen zusätzlichen Belastungen; denn Schiffe wie die »Passat« waren mit dem ausdrücklichen Auftrag in Fahrt gesetzt worden, Stück- und Massengüter nach Südamerika zu transportieren und auf der Rückreise Salpeter für Europa mitzubringen. *Salpeter-Versicherungen schlagen zu*

Dieser Salpetertransport war keine ganz unproblematische Sache. Man konnte das »Felsensalz« jedenfalls nicht einfach als Massengut in die Laderäume hineinschütten. Die Kunst des Stauens spielte dabei eine wichtige Rolle, und Salpeter wurde deshalb grundsätzlich in Säcken verladen. Um die Trimmlage des Schiffes nicht zu gefährden – bei stürmischer See hätte sich der Segler durch Verrutschen der Ladung möglicherweise auf die Seite gelegt und nicht wieder aufgerichtet –, mußten die Zwei-Zentner-Säcke kunstvoll gestapelt werden. Die Arbeiter verstauten sie in Form einer verschachtelten Pyramide in der Mitte des Schiffes. Das Hauptgewicht befand sich damit in der Längsachse und gab dem Segler die gerade bei schwerer See notwendige Stabilität. *»Felsensalz« für die deutsche Industrie*

Diese eherne Regel der Ladetechnik ist lange Zeit peinlich genau beachtet worden. Erst in den fünfziger Jahren, als der Salpetertransport keine Rolle mehr spielte, ist man von diesem Prinzip abgewichen und mußte die Gleichgültigkeit teuer bezahlen. Leider auch mit dem Leben vieler Seeleute.

Die »Passat« hat ihre ersten Sturmfahrten rund um das von Seeleuten so gefürchtete Kap Hoorn glänzend bewältigt. Es machte sich bezahlt, daß bei der Planung und beim Bau der Bark an nichts gespart worden war. Das Material und seine Verarbeitung hielten allen Belastungen, allen Angriffen unberechenbarer Naturgewalten stand. Was die Stürme draußen auf See dem Schiff nicht antun konnten, das besorgten die am politischen Horizont heraufziehenden dunklen *Wolken am politischen Horizont*

32

Wolken. Viel zu spät bemerkten die Eigentümer der »Passat«, was sich da über Europa zusammenbraute. Der Kapitän und seine Besatzung wurden in dem nordchilenischen Hafen Iquique vom Ausbruch des Ersten Weltkriegs überrascht. Nur fünf Reisen hatte die noch junge »Passat« in der kurzen Zeit zwischen dem 24. Dezember 1911 und dem 3. August 1914 machen können, dann wurde sie in den einstweiligen Ruhestand versetzt.

Die »Passat« geht in den einstweiligen Ruhestand

Anderen Frachtseglern erging es nicht besser. Die »Pamir« rettete sich mit einer Salpeterladung in einen Hafen auf den Kanarischen Inseln. Erzwungene Untätigkeit war aber bei weitem nicht das Schlimmste, was einem Schiff damals widerfahren konnte: Die Fünfmastbark »R. C. Rickmers« wurde versenkt.

Die »Passat« hatte eine lange Zwangspause zu überstehen, während der sie hohe Liege- und Wartungskosten verschlang, aber nichts einbrachte.

Nach dem verlorenen Krieg wollten sich die Alliierten die deutsche Konkurrenz auf den Weltmeeren vom Hals schaffen. Auch die Großsegler waren eine Komponente in dieser Rechnung. Auf die »Passat« hatten die Franzosen die Hand gelegt, obwohl ihnen die Voraussetzungen fehlten, das Schiff sinnvoll zu nutzen. Nach einem erbitterten Tauziehen wurde die »Passat« am 27. Mai 1921 endlich wieder mit einer Salpeterladung in Fahrt gesetzt. Ihr Zielhafen war Marseille. Dort nahmen die Franzosen ihre »Kriegsbeute« in Empfang.

Als »Kriegsbeute« nach Marseille

Ein Reeder kauft sein eigenes Schiff

Der Erste Weltkrieg hatte der deutschen Handelsschiffahrt einen Schock versetzt. Ein Teil der Schiffe war versenkt worden. Was von den übriggebliebenen den Siegermächten brauchbar erschien, wurde als Reparationsleistung beschlagnahmt. Der klägliche Rest verkümmerte in den Häfen, und nur ganz zaghaft versuchten die Reeder, alte Geschäftsbeziehungen wieder aufzunehmen und an Erfolge der Vorkriegszeit anzuknüpfen. Sie konnten nicht wissen, daß die schwerste

Ein neuer Start für deutsche Reeder

Zeit noch vor ihnen lag, eine Zeit der Rezession, der wirtschaftlichen Armut. Eine Zeit, in der man für ein Brot Millionen, ja Milliarden Mark bezahlen mußte, eine Zeit, in der die Reichsmark nicht einmal ihr Druckpapier wert war.

Tausende von Seeleuten warteten auf einen Job. Sie nahmen jede Arbeit an. Und die wenigen, denen es gelang, eine Heuer zu bekommen, besserten ihr Einkommen auf, indem sie Schnaps in skandinavische Länder schmuggelten. *Keine Jobs für Sailors*

Die deutsche Handelsschiffahrt suchte einen neuen Anfang mit neuen technischen Möglichkeiten. Auch typische Segelschiffreedereien, wie die Hamburger Reederei AG von 1896, stellten ihre Flotte auf Dampfbetrieb um.

Andere wehrten sich noch gegen den Wandel und versuchten, mit ihren alten Windjammern wieder ins Geschäft zu kommen. Der erste deutsche Großsegler, der ein Jahr nach dem Krieg von Hamburg aus in See ging, war die Viermastbark »Paul«. Die Firma Krabbenhöft und Bock schickte ihr Schiff ziemlich erfolglos zwei Jahre lang auf »wilde Fahrt« – gemeint war damit die Trampfahrt – und ließ das Schiff dann in Schottland abwracken.

Laeisz glaubte immer noch an eine Überlebenschance seiner Segler im Konkurrenzkampf mit den Dampfschiffen. Bestärkt wurde er in dieser Meinung von dem auffälligen Interesse des finnischen Reeders Gustaf Erikson. Der Finne ließ sich nicht durch den Spott der Seefahrtsbranche irritieren, die ihn den »Nachzügler einer Entwicklung« nannte, und kaufte alles an Großseglern zusammen, was irgendwo in der Welt angeboten wurde. Die Alliierten waren froh darüber; denn sie saßen ziemlich ratlos auf den Seglern, die sie den Deutschen abgenommen hatten. *Ein Finne »sammelt« Großsegler*

Die »Passat« lag immer noch in Marseille, wo sie ihre Salpeterladung auf Anordnung der Franzosen gelöscht hatte. Und als nun die Siegermacht wissen ließ, sie wolle die Viermastbark verkaufen, schickte Erikson gleich seinen erfahrensten Kapitän auf die Reise, um das Schiff in Augenschein zu nehmen. Der Kapitän hatte alle Vollmachten, die »Passat« gegebenenfalls zu kaufen. Aber auch jedes andere Segelschiff war seinem Reeder recht. Und so machte er denn auf dem Weg nach Marseille einen Abstecher nach dem belgischen Hafen Ostende. Dort lag eine andere Viermastbark und wartete auf einen Käufer: die »Herzogin Cecilie«, die dem Norddeutschen Lloyd bis zum Ausbruch des Krieges als Segelschulschifff gedient hatte. Der Bericht des Kapitäns fiel so begeistert aus, daß Erikson beschloß, die

Begegnung der »Halbschwestern«: »Passat« und »Pamir« im Travemünder Hafen

»Herzogin Cecilie« anstatt der »Passat« zu kaufen. Für die Reederei Laeisz war das eine gute Nachricht; denn jetzt konnte sie selbst über den Rückkauf ihres eigenen Schiffes verhandeln. Kurz vor Weihnachten 1921, genau zehn Jahre nach der Jungfernfahrt, war das Geschäft unter Dach und Fach. Für 13 000 Pfund Sterling ging die »Passat« an ihren alten Besitzer nach Hamburg zurück. Das englische Pfund stand zwar damals besser als heute, aber die Summe reichte bei weitem nicht an den Preis heran, der von Laeisz für den Neubau bezahlt worden war.

Keine zwei Wochen später war die Mannschaft zusammen, um die »Passat« zur Instandsetzung vom Mittelmeer in ihren alten neuen Heimathafen zu bringen. Es waren überwiegend junge Leute, die sich um einen Platz an Bord beworben hatten, unter ihnen auch Hermann Heuer und Paul Greiff, die später selbst einmal das Kommando auf Großseglern übernahmen, der eine auf der »Passat«, der andere auf der »Pamir«.

Daß sich überhaupt eine Mannschaft für den harten Dienst auf einem Segelschiff zusammenfand, war nicht nur aus der hohen Zahl an arbeitslosen Seeleuten zu erklären, die alle denkbaren Strapazen auf sich nahmen, um nur auf See sein zu können. Viele von ihnen mag die Abenteuerlust getrieben haben oder die tiefverwurzelte Abneigung gegen das verhältnismäßig bequeme Leben auf einem Dampfer. Es war eine Art Trotzreaktion gegen die qualmenden, überall nach Rauch und Öl riechenden modernen Frachter, die sie voller Verachtung »Smoke-Ewer« nannten.

Von ihren britischen Kameraden hatten die Jungen einen Witz gehört, der genau das ausdrückte, was sie empfanden, und der deshalb genüßlich weiterverbreitet wurde:

Da begegnen sich zwei Segelschiffkapitäne nach langer Zeit wieder. Der eine hat die Segelschiffahrt an den Nagel gehängt und fährt jetzt auf einem Dampfer. Er fragt seinen alten Freund, was er davon halte. Und der Freund findet die lapidar-tröstende Antwort: »O, das ist gut. Das ist viel besser, als zur See fahren!«

Am 12. März 1921 verließ die »Passat« bei Tagesanbruch den Hafen von Marseille. Sie hatte 1600 Tonnen Ballast geladen, und es ist erstaunlich, wie vorsichtig sie sich an die Straße von Gibraltar herantastete.

Erst nach knapp vier Wochen passierte sie East Rock, und nach weiteren neun Tagen konnte der Kapitän in sein Logbuch schreiben, daß er die gefährliche Meerenge hinter sich habe. Die Vorsicht ist

verständlich; denn das Mittelmeer ist kein günstiges Fahrtgebiet für einen Windjammer von der Größe der »Passat«. Das Kreuzen auf verhältnismäßig engem Raum verlangt erhöhte Aufmerksamkeit, und die fast ununterbrochenen Segelmanöver sind zeitraubend. Auch als die »Passat« Gibraltar passiert hatte, ging es kaum schneller voran. Im Golf von Biscaya und weiter nördlicher, im Kanal und in der Straße von Calais, hatte sie gegen einen harten Ostwind zu kämpfen, und so erreichte sie Hamburg erst nach 55 Tagen. Auch *Marseille–Hamburg* eine gewisse Vorsicht wird dabei eine Rolle gespielt haben; denn *in zwei Monaten* nach den langen Zwangspausen, die die »Passat« hinter sich hatte, würde kaum ein Kapitän gewagt haben, ihr die volle Leistung abzuverlangen. Am 8. Mai nachmittags um vier Uhr meldeten sich Schiff und Besatzung auf der Hamburger Werft, bereit zum »Check auf Herz und Nieren«. *Check auf Herz*

Ein Windjammer, der den Wind so lange entbehren mußte, bedarf *und Nieren* besonders sorgfältiger Pflege. Rumpf und Takelage müssen, Teil für Teil, auf ihre Funktionsfähigkeit überprüft werden. Für den Reeder war es klar, daß die »Passat« wieder auf der Route eingesetzt werden sollte, auf der sie sich schon vor dem Krieg fast drei Jahre lang so glänzend bewährt hatte. Und das bedeutete: härtesten Anforderungen gewachsen zu sein; denn wenn man erst einmal in den unerbittlichen Orkan am Kap Hoorn hineingeraten war, gab es kein Zurück. Allerdings war das Kap auch nicht die einzige schwierige Zone, die via Westküste passiert werden mußte. Die meisten der 45 Besatzungsmitglieder wußten, was ihnen bevorstand, als die »Passat« nach einem guten Vierteljahr der Instandsetzung im August 1921 auslief.

Da ist zunächst der Nordatlantik, der Schiff und Mannschaft durchaus unangenehme Überraschungen bereiten kann, aber einem erfahrenen Seemann nur selten Veranlassung gibt, sich zu beunruhigen.

Ärgerlich waren für eine Segelschiffreise immer die Kalmen. Was in der Klimazone der Passate mühelos und mit meistens fröhlicher Ausgelassenheit an Bord bewältigt wurde, bereitete in der windstillen *Mißmut in* Kalmenzone Lustlosigkeit und Mißmut. *den Kalmen*

Da gab es langweilige Aufenthalte, während derer das Schiff träge vor sich hin dümpelte. Der Kapitän ließ dann meistens die älteste Segelgarnitur setzen. Zum einen, weil die Segel in dieser Klimazone, in der sich kaum ein Lüftchen bewegt, nichts auszuhalten hatten, und andererseits wohl auch manchmal, um seine Besatzung zu beschäftigen und nicht Langeweile und damit vielleicht Disziplinlosigkeit aufkommen zu lassen.

Das heißt nun nicht, daß es auch an ruhigen Tagen nicht hinreichend Arbeit an Bord gegeben hätte. Ordnung und Sauberkeit auf Windjammern waren nicht nur eine Frage der Ästhetik. In Krisensituationen, wenn sich Schiff und Mannschaft gegen die Naturgewalten verteidigen mußten, waren sie lebensnotwendig: Irgendein Werkzeug oder ein Tau, das im entscheidenden Augenblick nicht an seinem Platz lag, eine Kiste, die im Weg stand, konnten verhängnisvolle Folgen haben. Und die Sauberkeit, das tägliche »Reinschiff«, war darüber hinaus ein Teil jener Disziplinierung einer aus eigenwilligen Individuen bestehenden Mannschaft, ohne deren Zucht das »System« Segelschiff nicht funktionieren konnte.

Das Kap am Ende der Welt

Die Albatrosse und die Malamoks

Kap Hoorn – die Schicksalsküste für Windjammer, ein magisches Wort für alte Fahrensleute. Noch heute schwelgen sie in Erinnerungen, wenn sie in den Zirkeln ihres kurz vor dem Ausbruch des Zweiten Weltkrieges in Saint Malo gegründeten Freundschaftsbundes zusammensitzen. »Amicale internationale des capitaines au longcours, Cap Horniers« ist der Name dieser Bruderschaft, in der feinabgestufte Rangordnungen gelten, wie einst an Bord. »Albatros«, nach dem Namen der größten Sturmvögel an der Südküste des Feuerlandes, darf sich nennen, wer noch ein Schiff um »die Hoorn« geführt hat. Die anderen müssen sich mit dem Namen der kleineren »Malamoks« begnügen. Ihren Präsidenten nennen sie »Grand Mat«, Großmast. Da wird dann in Erinnerungen herumgekramt und wohl auch manch ein Seemannsgarn gesponnen. Das wichtigste aber, das für »Landratten«, kaum nachvollziehbare Erlebnis, ist die unerschütterliche, auf Lebenszeit geschmiedete Kameradschaft, ein Zusammengehörigkeitsgefühl, das so dauerhaft wohl nur in den Sturmnächten am Südzipfel des amerikanischen Subkontinents wachsen kann.
Kap Hoorn, vor dem Bau des Panamakanals unumgängliche Passage, um auf Westkurs die »andere Seite« Amerikas zu erreichen: Valdivia, Valparaiso, Antofagasta, Iquique, Acapulco – oder, weiter rauf, im

Norden San Francisco. Vor das Erlebnis und den Genuß all dieser Hafenstädte mit den exotisch klingenden Namen hatten die Götter die Bewährungsprobe Kap Hoorn gesetzt. Und es gab kaum eine Prüfung, die Neptun den Kap-Hoorniers seit der ersten Umseglung im Jahr 1616 nicht abverlangt hätte.

Nach dem Schulatlas ist Kap Hoorn das südliche Vorgebirge der südlichsten Inselgruppe vor Feuerland. Der Seemann faßt den geografischen Begriff weiter. Für ihn beginnt die Aufgabe der Kap-Hoorn-Umseglung etwa auf dem 50. Breitengrad des südatlantischen Ozeans – das ist etwas oberhalb der Falklandinseln –, und sie endet auf dem gleichen Breitengrad im Stillen Ozean.

In kaum einem Revier der Segelschiffahrt ist die Sturmhäufigkeit größer als rund um Kap Hoorn. Und die aus Europa, also aus nordöstlicher Richtung kommenden Schiffe haben den Wind meistens »auf der Nase«; denn die vorherrschende Windrichtung ist Westen. Für Großsegler bedeutete das erhebliche Zeitverluste, weil sie zum Kreuzen gezwungen waren: Sie mußten einmal weit nach Südwesten halten und dann wieder nach Nordwesten. Der Zickzackkurs kostete die Segler mehrere Tage, und das ist auch der Grund dafür, daß die »Passat« die Rückreise von Valparaiso nach Europa meistens schneller schaffte als die Hinreise.

Sobald der Windjammer auf Westkurs den 50. Grad südlicher Breite passiert hatte, ließ der Kapitän noch schnell die neuen Segel unterschlagen, um den Naturgewalten mit der besten Ausstattung zu begegnen, die das Schiff zu bieten hatte, und das war nun mal die »Kap-Hoorn-Garnitur«. Auch die »Riggen« – so nannten die alten Kap-Hoorniers die Takelage – mußte vor der großen Auseinandersetzung mit Neptun noch einmal gründlich überprüft werden. Kein Tau, kein Block, kein Gerät, das den aufmerksamen Blicken der Mannschaft entging . . .

Dann, je mehr man sich dem südlichsten Punkt des Kontinents näherte, immer wieder der erwartungsvolle Blick zum Himmel, der Versuch, aus Wolkenformationen, Windstärke und -richtung, aus Temperatur und Barometerstand die Wetterentwicklung vorauszubestimmen. Oft war das eine Sache des Gefühls und der Erfahrung, das Ergebnis jahrzehntelanger aufmerksamer Beobachtungen auf See.

Aber es blieb immer eine Rechnung mit mehreren Unbekannten. Zu viele Ereignisse und »Randbedingungen« waren dabei zu berücksichtigen, zu vielfältig die Möglichkeiten kurzfristiger Veränderungen, zu vage die Regeln, die den auf sich gestellten Seeleuten von den

Meteorologen an die Hand gegeben waren, zu unberechenbar die Natur in ihren tausendfältigen Variationsmöglichkeiten.

Sicher: Es gab einige unumstößliche Naturgesetze, auf die man sich verlassen durfte. Sobald man sich anschickte, das Kap Hoorn zu umrunden, studierte der Kapitän zusammen mit seinen Offizieren die Wetterkarte besonders gründlich. Entdeckte er ein Tiefdruckgebiet auf seiner Route, galt es, daraus Konsequenzen zu ziehen. Es ist nämlich ein unumstößliches physikalisches Gesetz, daß jedes Tief von Winden umströmt wird. In unseren Breiten gegen den Uhrzeiger, auf der südlichen Halbkugel umgekehrt. Solange sich die Erde dreht, wird sich daran nichts ändern; denn die Windrichtung wird durch die Erdrotation bestimmt. Wenn also der Windjammer die Position südlich eines Tiefdruckkerns hat, wenn ihm dieses Tief außerdem den Gefallen tut, sich in östlicher Richtung – also vom amerikanischen Festland weg in Richtung Atlantik – zu bewegen, dann ist das eine gute Voraussetzung: ein Ostwind wird das Schiff schnell um das Kap herumführen. Leider ist dies eine Wetterlage, mit der nur selten zu rechnen ist. Und dann stellt sich für den Kapitän die Frage, ob er dicht an der Küste vorbeikreuzen will und damit den kürzesten Weg wählt, oder ob er weiter ausholt. Bei den Laeisz-Kapitänen hatte sich *Kreuzen bis* die Praxis herausgebildet, weit ausholend in langen Schlägen nach *zur Eisgrenze* Süden bis fast an die antarktische Eisgrenze heranzukreuzen und dann auf Nordwestkurs zu gehen. Meistens kamen sie dabei schneller ans Ziel als auf dem direkten Kurs.

Welche Route die Männer auch wählten – die Orkane der Winterzeit blieben ihnen kaum jemals erspart. Was das bedeutete, kann nur ermessen, wer eine solche Fahrt selbst erlebt hat.

Lassen wir es diejenigen sagen, deren Beruf und Berufung es war, der windigsten Ecke unserer Erde vier- oder fünfmal im Jahr die Stirn zu bieten. Männer, denen mit der für diesen Beruf lebenswichtigen Härte gelegentlich auch ein hohes Maß an Sensibilität gegeben war, die sie befähigte, ihre Beobachtungen und Empfindungen in Worte zu fassen.

Auch wenn sie damit nicht immer so berühmt wurden wie Adalbert von Chamisso: » . . . am selben Tag erhob sich aus Südwest ein Sturm, der uns fast unausgesetzt sechs Tage lang gefährdete. Nachmittags um vier Uhr schlug auf das Hinterteil des Schiffes eine Welle, die große Zerstörungen anrichtete und den Capitän über Bord spülte, der zum Glück noch im Thauwerk verwickelt über dem Abgrund schweben blieb und sich wieder auf das Verdeck schwang.

Das Geländer war zerschmettert, selbst die stärksten Glieder der Brüstung zersplittert . . . Das Steuerruder war beschädigt, das Wasser in die Kajüte des Capitäns eingedrungen.«

Von 24 Tagen, die sein Schiff in der Region des Kaps verbracht habe, notierte der Meeresfotograf Franz Graf Larisch-Moennich in seinem Tagebuch, hätten nur zwei eine geringere Windstärke als sechs bis sieben gehabt. Dagegen sei neunmal Windstärke elf gemessen worden. Schwerer, bleigrauer Himmel, große Kälte, selbst in der Zeit der langen Tage, Regen- und Schneeböen, Sturm und hohe See, das seien die täglichen Erscheinungen in der unwirtlichen Gegend Kap Hoorns. Und weiter schildert er sehr anschaulich: »Schwere Seen brachen über das Großdeck, und dieses stand zuweilen bis an das massive Schanzkleid hinauf voll von Wasser. Die Kombüse mußte vom Koch geräumt werden, da das Wasser zeitweilig bis an die Decke stand . . .

Schneeböen, Sturm und hohe See

Durch drei Stunden wehte aus West voller Orkan, Windstärke 12! Von Stärke des Sturms war nicht mehr zu reden; es war Wut, volle, entfesselte Wut ungeheurer gigantischer Gewalten. In wenigen Augenblicken gingen alle drei Untermarssegel in Fransen zerrissen über Bord. Die Masten bogen sich, als wollten sie jeden Augenblick brechen. Die rollende Bewegung des Schiffes war beinahe ganz aufgehoben. Zitternd und bebend in allen Fugen, wurde es durch die unerhörte Gewalt des Orkans platt auf die See gedrückt. Das Schiff trieb mit großer Geschwindigkeit querab, daß das ganze Verdeck fast bis an die Luvschanzkleidung unter Wasser stand und es den Anschein hatte, als ob es sich nie wieder werde aufrichten können.

Die See war nur eine einzige weiße, tobende Masse. Unter dem furchtbaren Druck des Orkans brachen die Kämme der Wogen nicht mehr über, sondern wurden als schäumender Gischt waagerecht davongeweht, alles in einen riesigen weißen, undurchdringlichen Schleier hüllend. Man konnte kaum eine halbe Schiffslänge weit sehen . . .«

Der Engländer James P. Barker, der das Kap in den ersten fünfzehn Jahren dieses Jahrhunderts mehrfach umsegelte, schildert die Ereignisse mit britischer Gelassenheit:

»Der Kap-Hoorner schüttelte uns in seinen Fängen wie ein Terrier die Ratte. Das Trommeln und Dröhnen des Windes, das hilflose Torkeln des Schiffes in der Kreuzsee, dicht über die Mastspitzen jagende Wolkenpolster, eine Sintflut aus Schnee, Hagel und Eisregen – gewiß, das alles mag ein furchterregendes Naturereignis sein, nur

Eherne Regel an Bord:
»Eine Hand für den Mann – eine Hand für das Schiff!«

haben wir selbst nicht die Zeit innezuhalten, es nachdenklich und mit Muße zu betrachten. Statt dessen stehen wir bis zu den Hüften in dem über die Decks rauschenden Wasser. Wir haben genug damit zu tun, uns an Strecktauen, Belegnägeln, der Reling oder an irgend etwas in der Nähe festzuklammern, während wir versuchen, im eisigen Wasser die unklar gekommenen Leinen zu fischen und sie an den Wanten in leidliche Sicherheit zu bringen . . .«

Die eisige Kälte war wohl das größte Problem, wenn sich die Männer mit ihren Schiffen in die »greybeards«, die grauen Bärte, hineinwagten – so nannten sie die Wellenberge beim Kap Hoorn. Kapitän Ernst Weitendorf erinnerte sich noch viele Jahre nach seiner aktiven Segelschiffzeit: *Die »greybeards« bedrohen das Schiff*

»Oft mußten wir den Schnee von Deck fegen, wenn die See ihn nicht wegwusch. Dann wieder entstanden spiegelglatte Eisbahnen, und wir mußten Asche streuen, um nicht dauernd auszugleiten. Immer höhere Wellen tobten heran wie Scharen grimmiger Teufel. Abgespannt und abgekämpft tat doch ein jeder mit zusammengebissenen Zähnen seine Arbeit. Man ließ die aufgesprungenen und zerrissenen Hände bluten und das durchnäßte, eiskalte Zeug auch in der Ruhezeit am Leibe kleben, um nur einen Moment die Augen schließen zu können und ein wenig neue Kraft zu sammeln. Die gefrorenen Segel waren hart wie Bretter: Hagelschauer und Schneeböen fegten immer wieder über das Schiff.« *Segel hart wie Bretter*

Gefahren drohten nicht nur vom Wind und der hoch aufgetürmten See. Wenn das Schiff zu weit nach Süden kreuzte, kam es in das Gebiet der Eisberge, die 30 Kilometer lang sein konnten und bis zu 80 Meter aus dem Wasser herausragten. Zitat aus einem Bericht:

»Hier auf des Teufels Friedhof schienen alle Eisberge der Welt versammelt zu sein. Der rasende Sturm schob die gewaltigen Massen aufeinander, mit urwelthaften Kräften zermalmten sie sich gegenseitig. Es war eine Titanenschlacht, die zu beschreiben mir die Worte fehlen. Wehe dem Schiff, das dort hineingeriete!« *Titanenschlacht am Feuerland*

Nicht allen ist es gelungen, der tödlichen Konfrontation zu entgehen.

»Die Kap-Hoorn-See reicht, praktisch unbehindert durch irgendwelche Landmassen, ostwärts rund um den antarktischen Kreis des Erdballs, so daß bei lang andauernden Winterstürmen die Möglichkeit des ungestörten Aufbaus ungeheurer Wellen besteht«, schreibt Hans Domizlaff, der nicht zu den Kap-Hoorniers zählt, der aber doch über genügend seemännische Erfahrung verfügte, um die meteorologischen Gegebenheiten realistisch zu beurteilen. »Um Wellenhöhen

44

einigermaßen zuverlässig zu messen, muß man wissen, wie hoch das Deck des Schiffes im ruhigen Wasser über die Wasserlinie hinaufragt. Man rechnet immer vom Wellental bis zum Wellenkamm, und deshalb braucht man nur so hoch in die Wanten zu gehen, daß man in dem Augenblick eine Gruppe von Wellenkämmen mit der Kimm anvisieren kann, in dem das Schiff im Wellental annähernd auf ebenem Kiel liegt. Die jeweilige Augenhöhe ist dann gleich der Wellenhöhe.«

Das klingt, als wolle jemand Maß nehmen für den Bau eines Ententeiches. Tatsächlich erreicht eine voll ausgebildete Kap-Hoorn-See Höhen bis zu 18 Metern. Bei solchem Wetter in die Wanten zu gehen, verlangte mehr als einen ganzen Mann . . .

Gefährliche Begegnungen

Am 21. August 1922 segelte die »Passat« von Hamburg aus zu ihrer ersten großen Nachkriegsreise nach Valparaiso. Die Fahrt ging auch diesmal via Kap Hoorn. Zwar verfügte die internationale Schiffahrt seit acht Jahren über den 82 Kilometer langen Panamakanal und damit über eine wesentliche Abkürzung der Strecke vom Atlantik zum Pazifik. Davon aber profitierte in erster Linie die Dampfschiff-fahrt. Windjammer wählten nach wie vor ihren traditionellen Weg und umfuhren den amerikanischen Subkontinent.

Windjammer contra Dampfer

Als die »Passat« mit dieser Reise ihren zweiten Lebensabschnitt begann, hatte sie 36 Mann an Bord. Drei Dutzend einschließlich Kapitän, Koch, Steward, Segelmacher, Schmied und Zimmermann. Erst nach einem Umbau des Schiffes 1925 kamen einige Offiziersanwärter hinzu, die ihre Segelschiffsausbildung auf der »Passat« erhalten sollten, die damals noch für den Besuch der Navigationsschule vorgeschrieben war. Es war eine relativ kleine Mannschaft für eine Viermastbark, aber es zeigt, wie handlich die Großsegler waren, welche technische Reife sie erreicht hatten, als sich die Zeit des Windantriebs ihrem unwiderruflichen Ende zuneigte.

Allerdings: Auch in dieser Schlußphase einer vieltausendjährigen Entwicklung bestand die »Passat« die Herausforderung, die wirtschaftliche Notwendigkeiten an sie herantrugen, glänzend. Die Reederei Ferdinand Laeisz hat bei keiner Reise zugesetzt. Die Rechnung ging auf, jedenfalls für die folgenden zehn Jahre!

Sie ging selbst dann noch auf, als die »Passat« zweimal innerhalb eines Jahres für kurze Zeit aus dem Verkehr gezogen werden mußte. Im August 1928 kollidierte sie auf dem Weg nach Chile im Kanal, der auch damals schon meistbefahrenen Wasserstraße der Welt, mit dem französischen Dampfer »Daphné«. Wie so oft bei Begegnungen zwischen Großseglern und Dampfschiffen hatten die Männer auf der Kommandobrücke des Dampfers offenbar die Geschwindigkeit der unter vollen Segeln laufenden »Passat« unterschätzt und zudem das Steuerbord-Positionslicht falsch interpretiert. Der französische Dampfer, der zum Ausweichen verpflichtet gewesen wäre, wurde von der »Passat« an der Backbordseite gerammt. Die beiden Schiffe verkeilten sich ineinander. Dabei schob sich der Klüverbaum der »Passat« – der waagerechte »Mast« am Bug des Seglers – über die Back der »Daphné«. Als der Dampfer mit seiner Erzladung zu sinken begann, gelang es der »Passat«-Mannschaft, ihr Schiff aus der tödlichen Umklammerung zu befreien. Der Schlepper »Hermes« nahm die Viermastbark am 26. August kurz vor Mitternacht auf den Haken und brachte sie nach Rotterdam. Knapp eine Woche blieb die »Passat« auf einer Reparaturwerft, dann konnte sie ihre Reise nach Chile fortsetzen.

Die »Daphné« weicht nicht aus

Reparatur in Rotterdam

Zehn Monate später kam die »Passat« ein zweites Mal glimpflich davon. Wieder kollidierte sie mit einem Dampfer, diesmal mit einem britischen, wieder geschah es im Kanal, wieder reagierte die Besatzung des modernen Dampfschiffes auf die Begegnung mit einem Großsegler falsch. Die »Passat« war offenbar nicht nur zu spät erkannt worden, der britische Kapitän ließ auch den Kurs ändern, obwohl es dazu objektiv keinen Anlaß gab. Das Dampfschiff lief der »Passat« auf der Backbordseite in den Bug. Obwohl sich die Kollision bei einer Fahrt von mindestens zehn Knoten ereignet haben muß, ließen sich die an der »Passat« entstandenen Schäden auch diesmal in verhältnismäßig kurzer Zeit reparieren. Auch nach diesem Unfall lief die Viermastbark Rotterdam an, mit eigener Kraft sogar. Drei Wochen später konnte sie die Werft in ihrem »Nothafen« wieder verlassen und die Reise nach der chilenischen Küste fortsetzen. Talcahuano war der erste Bestimmungshafen.

Auf Backbord in den Bug gelaufen

46

Ein Traumland – nüchtern betrachtet

Verschlafene
Hafenstädte

Für die Besatzung waren chilenische Häfen keineswegs so aufregend, wie es sich der fernwehgeplagte Nicht-Seemann immer vorstellt. Talcahuano war damals ein verschlafenes Hafenstädtchen mit nicht einmal 9000 Einwohnern. Hafenmagazine, Lagerhäuser, Docks und kleine Werften beherrschten das Bild an der Küste, dahinter lagen ärmliche Hütten, die den Landgang kaum lohnten.

In Valparaiso war es nicht viel besser. Das einzig Reizvolle dürfte die an den Höhen aufsteigende Altstadt El Puerto mit ihren verwinkelten steilen Straßen gewesen sein und die drei- bis fünftausend Deutschen,

Ein Abendessen
von den Deutschen

bei denen die Besatzungsmitglieder gelegentlich zu einem Abendessen eingeladen wurden. Man wollte wissen, was sich in der Heimat ereignet hatte, auch wenn die Nachrichten, die mit der »Passat« über das Meer kamen, schon zweieinhalb Monate alt waren. Im übrigen aber bot der kahle rotbraune Hügelzug rund um die Bucht von Valparaiso einen trostlosen Anblick. Von Abwechslung jedenfalls konnte nach der langen Seereise nicht die Rede sein.

Bis auf den herrlichen Wein, der an den Hängen der südamerikanischen Küsten heranreift, konnte dieses Land die Seeleute für die Strapazen der langen Reise nur wenig entschädigen.

Die meisten waren froh, wenn die Salpeterladung endlich verstaut

Das »Salpeterkreuz«
ruft zur Bordparty

war und das »Salpeterkreuz« gesetzt wurde: Zeichen für die anderen in der Bucht liegenden Schiffe, ihre Mannschaften zu einer zünftigen Abschiedsparty herüberzuschicken. Man genoß die Vorfreude auf die Heimat mit denen, die sie – wenn nicht das Schicksal es anders bestimmte – als erste wiedersehen würden . . .

Was es in der Heimat zu sehen gab, war aber nicht nur Erfreuliches.
Zu Beginn der dreißiger Jahre nahmen die wirtschaftlichen Schwie-

Wirtschaftskrise rund
um den Globus

rigkeiten katastrophale Formen an. 1932 erreichte die Weltwirtschaftskrise ihren Höhepunkt. Die Statistik meldete sechs Millionen Arbeitslose in Deutschland. Die Arbeitslosen-, Krisen- und Wohlfahrtsunterstützung mußte gekürzt werden. Der Welthandel ging rapide zurück. Ein spektakuläres Ereignis war die Vernichtung einer annähernd ganzen Kaffee-Ernte in Brasilien, weil es weltweit keine Absatzchancen mehr gab.

Für die Schiffahrt bedeutete diese Entwicklung Einbrüche, die in ganz kurzer Zeit zu entscheidenden Strukturveränderungen führten. Auch die Reederei Laeisz kam – zum ersten Mal in ihrer langen Geschichte – in finanzielle Not. Neue Aufträge kamen nicht mehr herein, und Laeisz mußte einen Teil seiner Schiffe auflegen.

Laeisz legt
seine Schiffe auf

». . . de Düvel suust mit, disse Swinehund!«

Was waren das für Männer, die sich mit Leib und Seele der Segelschiffahrt verschrieben hatten? Männer, denen die Windjammer zur unbezwingbaren Leidenschaft geworden waren, auch dann noch, als die technische Entwicklung die Großsegler längst überholt hatte.

Die große Leidenschaft
für Windjammer

Zunächst einmal waren sie alles andere als Romantiker. Sie selbst wehrten sich gegen derartige Zuordnungen. »Derlei vage Vorstellungen«, schrieb einmal ein Tiefwassermann alter Schule, »wären im Lauf der Reise sehr bald durch leibhafte und greifbare Ereignisse verdrängt worden. Das Wort Romantik fand sich in ihrem Sprachschatz so wenig wie die »hehre Waldeinsamkeit« in dem der Holzfäller. Der Segelschiffsmann konnte sein Schiff nicht romantisch erleben (das tat man nur vom Lande her), weil er das Zweckmäßige des gesamten Takelwerks, des Schiffsantriebs täglich und stündlich vor Augen hatte.«

Abenteuerlust war vielleicht eine Kategorie, die eher faßte, was einen Mann bewegen konnte, sich einem »Leben vor dem Mast« zu verschreiben. »Dem Teufel ein Ohr absegeln« war eine gängige Metapher an Bord von Windjammern. Aufs Ganze wollten sie gehen, ihre eigene Härte erproben im Daseinskampf gegen die Naturgewalten. Niemand soll behaupten, sie hätten im schwersten Sturm nicht auch einmal Angst empfunden. Warum hätten sie dem Meer sonst Namen wie »blanker Hans« oder »Rasmus« gegeben? Ein menschlicher Name bedeutete menschliche Gefühle, menschliche Rücksichtnahme, Bereitschaft zur Versöhnung, nachdem das Bedürfnis der Rache gestillt war. Es war eine Art Beschwörungsformel, mit der sie das Meer davon abhalten wollten, ihnen das Letzte – ihr Leben –

Dem Teufel
ein Ohr absegeln

abzuverlangen. Aber sie lernten sehr bald, daß die Grausamkeit der See nicht an den Maßstäben menschlicher Tugenden zu messen war.

»Das Meer kennt kein Mitleid, keine Treue, kein Gesetz, kein Gedenken«, schrieb Joseph Conrad, »es ist, als wäre es für menschliche Tugenden zu mächtig und zu groß. Seine Unbeständigkeit kann menschlichen Zwecken nur durch unverzagte Entschlossenheit und schlaflose, bewaffnete, argwöhnische Wachsamkeit dienstbar erhalten bleiben.«

Der Angst vor der Unberechenbarkeit des Meeres hatten die Seeleute nichts entgegenzusetzen als Mut und Entbehrungsbereitschaft. Das hatte sich auch bei ihren Bewunderern an Land herumgesprochen. Der Reporter der renommierten »Illustrirten Zeitung«, die sich zur Unterhaltung ihrer Leser viel mit maritimen Themen beschäftigte, schrieb respektvoll, Jan Maat sein kein Sohn der blanken Furcht, wenn auch Rasmus noch so grimmig dreinschaue und mit nassen Polypenarmen über die Reling hinweg um sich greife.

Eine Hand
für den Mann –
eine Hand
für das Schiff

Die Fahrensleute auf Windjammern mußten gelernt haben, was allein sie an Bord überleben lassen konnte. Erstes Gesetz: Eine Hand für dich – die andere für das Schiff!

In der um die Jahrhundertwende auch im Binnenland vielgelesenen Zeitschrift »Über Land und Meer« schilderte ein Autor anschaulich die Strapazen, denen sich die Seeleute auf Großseglern aussetzen mußten: »Die Hände müssen sein wie eiserne Klammern; dann aber heißt es, im Auge behalten, woran man sich festhält. So zum Beispiel gleich beim Aufentern in den Wanten muß der Mann wohl darauf achten, daß er sich an die Hoftauen und beileibe nicht an den Webeleinen (den dünnen, die Wanttaue verbindenden Leinen) festhält, da die letzteren reißen können. Ferner ist scharf zuzusehen, daß man beim Erfassen eines Taues nicht ein loses erwischt, weiter, daß die »Pferde« in Ordnung sind, jene Taue, welche unter den Rahen fahren und auf welchen die Mannschaft steht, während sie ihre Arbeit verrichtet . . .«

Eiserne Disziplin war an Bord der Windjammer zu allen Zeiten unumgänglich. Sie war auch nicht überflüssig, als die Großsegler moderner und sicherer wurden und die alten Fahrensleute spotteten:

»Hölzerne Schiffe – eiserne Matrosen; eiserne Schiffe – hölzerne Matrosen«. Vieles, was für die Außenstehenden wie pure Schikane aussah, war im Interesse der Schiffssicherheit und Ordnung eine – wenn auch manchmal bittere – Notwendigkeit.

Wenn einmal Beschwerden über Mängel an Bord vorgebracht wurden, waren sie meistens schnell mit ein paar fadenscheinigen Ausreden abgetan. Es ist die Bemerkung eines Steuermanns überliefert, bei dem sich die Matrosen darüber beschwert hatten, der Eisenofen im Logis sei immer kalt. Etwas unbeholfen redete sich der Steuermann heraus:

»Also ein Ofen – hm, ich will ja nichts gesagt haben, aber ihr werdet euch bloß erkälten, wenn ihr aus dem warmen Logis an Deck kommt. Bedenkt die Gefahr einer Rauchvergiftung und überhaupt die Feuersgefahr im allgemeinen, wenn der Wind in den Schornstein hineinbläst. Also, seid vernünftig, Leute, und steckt bloß nicht den Ofen an, er ist gefährlich und unhygienisch.«

Auf Windjammern konnte man nur Leute gebrauchen, die ein strenges Regiment akzeptierten. Das galt nicht nur für die »Halbmänner« – junge Matrosen, die noch nicht mit allen Schiffsarbeiten vertraut waren und die deshalb nur eine halbe Heuer bekamen –, das galt für die ganze Hierarchie auf einem Schiff, die streng geregelt war. Auch der Kapitän und seine Offiziere mußten sich dem System unterordnen.

Der Reeder Laeisz war dafür bekannt, daß er sein Unternehmen mit harter Hand führte und seine Anordnungen bis in kleinste Detail schriftlich fixierte.

In einer Segelanweisung an seine Kapitäne befahl Carl Laeisz 1892: »Meine Schiffe können und sollen eine schnelle Überfahrt machen.«

Der Reeder verfaßte genaue Vorschriften, wie seine Schiffe gepflegt und gewartet werden sollten. Und von seinen Offizieren verlangte er: »Nächst dem navigatorischen Geschick lege ich größten Wert auf Sparsamkeit!«

Was auf einer Reise beschädigt worden war – Tauwerk, Segel, Masten oder Teile der Ausrüstung –, mußte nach der Rückkehr in Hamburg repariert werden. Ersatz wurde nur bewilligt, wenn mit Bordmitteln beim besten Willen nichts mehr zu machen war.

Auch das weitverbreitete Image vom trinkfesten Seebären, der mit der Rumbuddel verheiratet war, zerstörte Laeisz gründlich: »Meine Kapitäne dürfen nie unter Alkoholeinfluß stehen«, verordnete er rigoros, und die Strafe wurde gleich mit angedroht: »Jede gegenteilige Information, die mir zu Ohren kommt, zieht die sofortige Entlassung nach sich.«

Im Hamburger Stammhaus der Reederei Laeisz wurde ein vertrauliches Kapitänsbuch geführt und unter strengem Verschluß gehalten, in dem alle Attribute von »Spitzenklasse« über »aggressiv« bis »un-

Neues Make-up für die »eiserne Lady«: Auch die »Passat« mußte zur Überholung regelmäßig ins Trockendock

Kein Schnaps für Kapitäne

50

brauchbar« fein säuberlich vermerkt waren und über seemännische Karrieren entschieden.

Das Ergebnis solcher harten Schule waren erstklassige und verantwortungsbewußte Seeleute. Von den »Flying-P-Linern« ist kein Fall bekanntgeworden, in denen sich das strenge Regiment nicht bewährt hätte.

In seinen Erinnerungen notierte ein alter Kap-Hoorn-Fahrer:»Für den Segelschiffsführer stellte sich bei der Umsegelung eine zweifache Aufgabe, sie lag im Seemännisch-Nautischen und im Charakterlichen. Je größer Erfahrung und Umsicht waren, je energischer und rücksichtsloser gegen sich selbst, gegen die Offiziere und die Mannschaft die notwendigen Manöver ausgeführt wurden, desto wahrscheinlicher winkte der Erfolg, die schnelle Umsegelung.

Hier war Härte durch Vernunft geboten, war Härte im Endeffekt *Die humane Härte*
human. Wenn irgendwo ein Schiff und seine Menschen geführt, wenn von beiden zum gemeinsamen Nutzen das Letzte gefordert werden mußte – dann bei diesem Kap. Seine Bezwingung war Kampf – gegen die Naturgewalten und gegen die menschliche Schwäche. Die Umsegelung war Schinderei und Bewährung, hieß Durchhalten oder Draufgehen. Sie war die Hohe Schule der Fahrensleute. Das klingt unseemännisch pathetisch, doch wir wollen rückblickend (und vom Schreibtisch aus) dieses Wort einmal wagen.«

Vieles im Leben der Segelschiffbesatzungen hat etwas Ungewollt-Pathetisches. Die filmreife Szene, in der ein Kapitän gefaßt salutierend mit seinem Schiff untergeht, ist sicher nicht nur der Phantasie eines Drehbuchautors entsprungen.

Überliefert ist die (von Augenzeugen bestätigte) Aussage eines Kapi- *Abschiedsgruß*
täns, der mit seinem Windjammer in einen Orkan geraten war und es *für einen Seemann*
nicht vermeiden konnte, daß einer seiner jungen Männer über Bord gespült wurde. An Rettung war bei der Wetterlage nicht zu denken. Selbst der bescheidenste Versuch hätte eine ernste Gefährdung des ganzen Schiffes und seiner Mannschaft bedeutet. Was blieb dem Kapitän als die scheinbare Gleichgültigkeit gegenüber dem Schicksal eines Einzelnen? Als der Junge in einiger Entfernung vom Heck des Schiffes auf einem Wellenberg noch einmal auftauchte, sprang der Kapitän auf den Ruderkasten. Mit seiner Mütze winkte er dem Jungen einen hilflosen, aber bestimmten Abschiedsgruß zu. In sein Schicksal ergeben und um die Situation des Segelschiffes wissend, winkte der Junge zurück, bevor ihn die See unter sich begrub.

Heldentum oder Fatalismus? Vielleicht beides!

52

Und wenn es einmal ganz dick kam, sangen sie einen Shanty, um sich selbst Mut zu machen und den dunklen Mächten der Natur Angst einzuflößen. Wie oft mag auch auf der »Passat« das Lied erklungen sein, in dem anschaulich erzählt wird, was der Teufel zu erwarten hat, wenn er sich mit einem erfahrenen und kaltblütigen Seebären einläßt.

De »Hoffnung« wör hunnert Dag ünnerwegs,
se seil von Hamborg no Valparaiso . . .

beginnt die Geschichte. Und als der Kapitän gnadderig wird, weil er mit seinem Schiff nicht schnell genug vorankommt, klettert der Teufel höchstpersönlich über die Reling, und die beiden schließen einen Vertrag: In zehn Tagen bringt der Teufel das Schiff ans Ziel und soll dafür die Seele des »Alten« bekommen. Der Teufel erfüllt seinen Teil des Vertrags, aber der Kapitän hat dazu seinerseits verständlicherweise keine rechte Lust. Als der Teufel schließlich zur Kasse bittet, schlägt der Kapitän vor, man solle sich doch Zeit lassen und erst einmal vor Anker gehen. Der Teufel läuft voller Vorfreude auf die Back, um das Ankermanöver vorzubereiten. Und dabei passiert es dann: Der alte Schiffszimmermann vertäut blitzschnell den *Den Teufel* Schwanz des Teufels mit dem Anker, und am Schluß des Liedes *überlistet* singen die Janmaaten triumphierend:

Un as de Anker nu suust an den Grund,
suust de Düvel mit, disse Swinehund.

Erste Weltumseglung –
unter finnischer Flagge

Wenn irgendwo in der Welt Schiffe aufgelegt werden – das ist im internationalen Schiffahrtsgeschäft auch später noch oft bestätigt worden – gibt es immer den einen oder anderen trotz aller Wirtschaftsmiseren noch zahlungskräftigen Reeder, der sich über die »Erbmasse« hermacht. Schiffe, die aufliegen, sind billig zu haben.

Wenn sich dazu noch das Vertrauen auf bessere Zeiten einstellt, hat ein Reeder alle Trümpfe in der Hand. In diesem besonderen Fall kam noch etwas anderes hinzu: Großsegler waren aus der Mode gekommen, und nur ein skurriler Nachzügler der Entwicklung konnte besessen genug sein, sich für die Flotte der »Flying-P-Liner« von Laeisz zu interessieren.

Es gab einen solchen Nachzügler, ein »Fossil« der Windjammerfahrt, wie man ihn halb spottend, halb bewundernd nannte: Gustaf Erikson von den finnischen Ålandinseln. Irgendwann einmal hatte er das Gelöbnis abgelegt, unter seiner Flagge mit dem blauen GE auf weißem Grund solle niemals ein Dampf- oder Motorschiff fahren. Mit der Verbissenheit eines Kämpfers für eine von anderen bereits als verloren aufgegebene Sache· blieb er seinem Schwur treu bis nach dem Zweiten Weltkrieg.

Dieser Gustaf Erikson machte sich daran, Windjammer zu »sammeln«, wie andere Briefmarken oder Antiquitäten sammeln. Er reiste quer durch Europa oder ließ reisen, um die noch vorhandenen Großsegler zu besichtigen.

In einem Fall kam Erikson bei Laeisz schon zu spät. Die »Parma« war von einer ausländischen Interessengruppe erworben worden, hinter der als Spiritus rector ein international bekannter Seeschriftsteller stand, der mit dem Kauf der 1902 gebauten »Parma« nicht nur nostalgische Bedürfnisse befriedigen wollte, sondern durchaus auch kommerzielle Interessen im Auge hatte. Diese lagen allerdings nicht auf den traditionellen Pfaden. Die Salpeterfahrt galt längst nicht mehr als lukratives Zukunftsgeschäft. Die heimische Industrie, die Salpeter in erster Linie für die Herstellung von Feuerwerkskörpern und als Bestandteile von Schießpulver und Pökelsalz benötigt hatte, verfügte inzwischen über technische Verfahren, die sie vom Import großer Mengen Chilesalpeters unabhängig machten.

Ladungsaufträge für Großsegler boten sich auf einem ganz anderen Teil des Globus. Australien hatte sich neben Kanada zu einem der großen Weizenexporteure emporgearbeitet, und die »Parma« war einer der ersten Windjammer, die sich regelmäßig an den Weizentransporten zwischen dem »fünften Kontinent« und Europa beteiligten. Kein Wunder, daß die Firma Erikson ihre Fühler nach Australien ausstreckte. Der passionierte Segelschiffreeder hätte auch jede andere Chance wahrgenommen, um nur seine Segler rentabel unter Wind zu halten. Eilig kaufte er noch dazu, was am Markt an Segelschiff-Tonnage zu haben war. Bei Windjammern, die sich in den

Bei ruhiger See ruderte die Mannschaft gern ein Stück voraus, um ihren Windjammer in voller Schönheit zu erleben.

vorangegangenen Jahren schon einen guten Ruf ersegelt hatten, verzichtete er sogar auf eine eingehende Besichtigung. Auch die »Passat« wechselte ihren Besitzer »unbesehen«. Und für die Mannschaft sogar zunächst unbemerkt.

»Unbesehen«
den Besitzer
gewechselt

Als nämlich die »Passat« mit einer Salpeterfracht aus dem etwa 200 Kilometer südlich von Antofagasta gelegenen kleinen Hafen Taltal im spanischen Bilbao an die Pier ging, um die Ladung zu löschen, wurde ihr der bevorstehende Verkauf des Schiffes nicht einmal angedeutet. Erst auf der Weiterfahrt nach Hamburg teilte die Reederei dem Kapitän mit, daß sein Schiff fortan unter finnischer Flagge fahren würde.

Was ein solcher Überraschungscoup für die Mannschaft bedeuten mußte, kann wohl nur begreifen, wer selbst einmal für längere Zeit auf schwankenden Schiffsplanken gestanden hat. Da ist nicht nur die schlichte Treue zu irgendeiner Firma, die Anhänglichkeit an einen Arbeitsplatz. Ein Schiff ist für den Seemann etwas, zu dem er schon nach ganz kurzer Zeit eine persönliche Beziehung aufbaut, und wir wollen den Beteuerungen der alten Fahrensleute gern glauben, daß die seelische Bindung an ein Schiff desto stärker ist, je mehr sich der Seemann ihm mit seiner ganzen Kraft widmen muß und je weniger dieses Verhältnis durch technische Hilfsmittel gestört wird. Das erklärt wohl auch die merkwürdige, sich zur unverständlichen Sentimentalität steigernde, bis ins kleinste Detail reichende Rückerinnerung ehemaliger Windjammerfahrer an ihr Schiff.

Keiner hat diese Gefühle besser in Worte zu fassen vermocht als der große Joseph Conrad, der alle diese Emotionen selbst vielfältig durchlebt hat:

»Ich befürchte wirklich, daß die Liebe zur See, so bereitwillig sich auch manche Männer und Völker dazu bekennen, ein recht unklares Gefühl ist, an dem der Stolz einen großen und die Not einen nicht ganz geringen Anteil hat, aber die Liebe zu Schiffen – diesen unermüdlichen Dienern unserer Hoffnungen und unserer Selbstachtung – ist ihr bester und echtester Bestandteil . . .«

Die »Passat« hatte ihren Besitzer zu einem Spottpreis von nur 6500 Pfund Sterling gewechselt, und der neue Eigner ließ sie gar nicht erst ein letztes Mal ihren Heimathafen Hamburg sehen. Noch während der Fahrt von Spanien zur Elbe erhielt die »Passat« Order, den englischen Hafen Middlesbrough anzusteuern. Dort wurde sie am 29. April 1932 an Gustaf Erikson übergeben. Die alte Reedereiflagge mit dem roten FL auf weißem Grund wurde eingeholt. Der neue Eigner

56

Die »Passat« im Hamburger Petroleumhafen. Skizze von Alfred Mahlau.

Blaues GE auf   ließ sein blaues GE – ebenfalls auf weißem Grund – hissen. Mit der
weißem Grund   neuen Flagge kam auch eine neue Mannschaft an Bord.

Mit welcher Bitterkeit im Herzen die alte »Passat«-Besatzung damals auch nach Hamburg gefahren sein mag: Heute wissen wir, daß Gustaf Erikson das Schiff wahrscheinlich davor bewahrt hat, vorzeitig verschrottet zu werden. Laeisz hätte die stolze Viermastbark nicht mehr halten können. Die Weltwirtschaftskrise hatte dem einst so blühenden Unternehmen die finanziellen Verpflichtungen über den Kopf wachsen lassen.

Laeisz mit   Hinzu kam, daß die dritte Generation bei Laeisz schon lange nicht
neuem Konzept   mehr ausschließlich auf die Windkraft setzte. 1922 hatte Laeisz neben seinen Aktivitäten mit Großseglern zwei Turbinen-Frachtdampfer in

Dienst gestellt, deren Ladekapazität die der »Passat« um mehr als hundert Prozent überbot. Und schon während des Ersten Weltkriegs waren Kühlschiffe auf Kiel gelegt worden, mit denen die Bananen von den eigenen Pflanzungen in Kamerun nach Europa gebracht werden sollten. 1924 hatte Laeisz seine mit den Kolonien verlorengegangenen afrikanischen Besitzungen zurückerworben, und das Schwergewicht der Reederei verschob sich zusehends zugunsten moderner Schiffe. Das empfindliche, leichtverderbliche Frachtgut von den Bananenpflanzungen war auf Segelschiffen nicht mehr zu transportieren. Die traditionelle Segelschiffreederei fuhr fortan »zweigleisig«.

Laeisz fährt »zweigleisig«

Anders Gustaf Erikson. Mit dem Weizen, den er sich von der südlichen Halbkugel zu holen gedachte, konnte man sich Zeit lassen. Günstige Frachtraten waren in diesem Fall wichtiger als zuverlässige und wetterunabhängige Fahrpläne.

Die ausgehende Ladung, die Erikson in England für seine erste Fahrt von der »Passat« übernehmen ließ, zwang das Schiff zum ersten Mal nach zwanzig Jahren um das Kap der Guten Hoffnung auf Ostkurs in Richtung Indischer Ozean. Bestimmungshafen war Port Louis, die Hauptstadt der britischen Kolonie Mauritius. Von dort aus machte die »Passat« den Sprung nach der nördlichsten Insel der Seychellen-Gruppe. Obwohl zwischen den beiden Archipeln eine Distanz von nicht einmal tausend Seemeilen liegt, brauchte das Schiff fast anderthalb Monate.

In Victoria auf der Insel Mahé erwartete die Viermastbark Ungewohntes: Zum ersten Mal mußte sie Guano laden, jene als Dünger gebrauchten Exkrementenablagerungen von Seevögeln an regenarmen Küsten. Solange die »Passat« auf deutsche Rechnung gesegelt war, hatte man ihr Guano, das es auch auf den Inseln vor der südamerikanischen Küste reichlich gibt, erspart. Es wurde vor allem deshalb gemieden, weil man auf deutschen Schiffen der Meinung war, einmal Guano im Laderaum verbiete für alle Zukunft jeden anderen Transport.

Ganz so kleinlich waren die Finnen in diesem Punkt nicht. Die »Passat« brachte ihre Guanofracht nach Neuseeland, um gleich darauf nach Port Victoria zu segeln. Hier übernahm sie ihre für Europa bestimmte Weizenladung. Die Rückreise ging eastbound auf der für die »Passat« vertrauten Route um das Kap Hoorn. Für die Viermastbark bedeutete das die erste Weltumsegelung – 23 Jahre nach ihrem Hamburger Stapellauf.

Mit 23 Jahren um die Welt

Vom Getreidesegler zum Getreidesilo

Erfolge in der Australienfahrt Getreide von der Südküste Australiens wurde für Gustaf Eriksons Seglerflotte ein einträgliches Geschäft. Er fuhr stattliche Gewinne ein, obwohl es von Europa nach Australien in den dreißiger Jahren kaum jemals Ladung gab, so daß auch die »Passat« – mit Ausnahme der ersten Reise – ausgehend immer mit Ballast fahren mußte.

Weizenladungen hatten viel Zeit. Es kam nicht darauf an, ob sie eine Woche früher oder später in ihrem Bestimmungshafen ankommen würden. Dies bedeutete aber nicht, daß sich die Windjammer-Besatzungen beliebig viel Zeit gelassen hätten. *Zwischen Sport und Kommerz: Die Weizenregatten* Gustaf Eriksons Segler standen untereinander im harten Konkurrenzkampf. Jeder wollte im Rahmen seiner Möglichkeiten der beste sein, und nach und nach bildete sich der Brauch heraus, regelrechte »Weizenregatten« auszusegeln.

Die »Passat« schnitt dabei immer recht gut ab. 98 Tage von Port Lincoln nach Lizard an der Einfahrt des Kanals waren eine gute Leistung, die bewies, daß Schiff und Mannschaft gut aufeinander eingespielt waren.

Aber die Zeichen der Weltpolitik standen bald wieder einmal auf Sturm. Als die »Passat« ihren Weizen im August 1939 in Großbritannien abgeliefert hatte, wurde sie in ihren finnischen Heimathafen *Zwangspause im Zweiten Weltkrieg* beordert. Kurz darauf brach der Zweite Weltkrieg aus, und die Anker der »Passat« wurden einstweilen nicht wieder gelichtet. Sie blieb auf der Reede vor Mariehamn.

In den Chefetagen des Familienunternehmens Erikson zerbrachen sich die Manager die Köpfe darüber, was man in einem solchen Krieg, der eines Tages noch das Attribut »total« bekommen sollte, mit einem Windjammer anfangen konnte. »Nichts« – war das Ergebnis langen Nachdenkens.

So mußte die »Passat« zum zweiten Mal in den einstweiligen Ruhestand versetzt werden. Fast fünf Jahre lang lag sie an den Ankerketten und kostete ihren Reeder viel Geld für laufende Wartung und Instandhaltungsarbeiten.

Dann endlich kam jemand auf die Idee, der »Passat« eine neue Aufgabe zuzuweisen, wenn auch eine, die einem Verehrer stolzer

Windjammer ziemlich unwürdig erscheinen mag: Sie wurde zum
Lagerhaus degradiert. Da die Schweden über zu wenig Speicherkapa- *Ein Lagerhaus*
zität verfügten, um ihre Bevölkerung im Krieg zu versorgen, charter- *auf dem Wasser*
ten sie die »Passat« kurzentschlossen als Getreidesilo. Im Juli 1944
wurde das Schiff nach Stockholm verholt und blieb für etwa zwei
Jahre dort.

Nach dem Krieg versuchte Erikson mit dem Mut der Verzweiflung
und bewundernswerter Energie, die Reste seiner Windjammerflotte
wieder in Fahrt zu setzen. Die »Passat« war als erstes Schiff klar, aber
es gab bei den Reisevorbereitungen eine ganze Reihe von Mißge-
schicken, die den stets für Aberglauben empfänglichen Seeleuten als
böses Omen erschienen. Ein Schlepper, der den Segler auf den *Böses Omen für*
Haken genommen hatte, kenterte. Offiziell hieß es: Er wurde von der *einen Windjammer*
»Passat« übersegelt. Dabei kamen einige seiner Besatzungsmitglieder
ums Leben. Auf der »Passat« selbst erkrankte ein Offizier, und
schließlich mußte der Kapitän wegen Erkrankung abgelöst werden.

Als die »Passat« dann endlich aus den minenverseuchten nordeuro-
päischen Küstengewässern heraus war und versuchte, Schottland
nördlich zu umsegeln, geriet sie in orkanartige Stürme. Das war eine
harte Bewährungsprobe für einen Großsegler, der so lange ungenutzt
oder zweckentfremdet seiner eigentlichen Bestimmung entzogen
war. Jede auch noch so geringe Veränderung am Schiff, jedes unter
normalen Umständen alltägliche Ereignis, jede Reaktion der Viermastbark wurde argwöhnisch beobachtet. Auch daß sie »Wasser *Das Schiff*
machte«, beunruhigte die Mannschaft. Da aber das Schiff randvoll *»macht« Wasser*
mit finnischen Hölzern beladen war, konnte die Ursache nicht an Ort
und Stelle festgestellt werden. Erst viel später, als die »Passat« bereits
Kapstadt erreicht hatte, wurde durch Zufall ein Fehler im Rohr-
system entdeckt, dem man das »Leck« verdankte.

Das Holz war für den ostafrikanischen Hafen Durban bestimmt. Von
dort aus segelte die »Passat« wieder in ihr altes Fahrgebiet, um noch
einmal in das Weizengeschäft einzugreifen. Aber der Erfolgsstern
Gustaf Eriksons war schon gesunken.

Chronologie eines Abstiegs –
oder: Ein hoffnungsvoller Neubeginnn

»Weizenregatta« – dieses Wort signalisierte so etwas wie die letzte Bestätigung für die letzten Windjammer, ein verzweifeltes und spektakuläres Sichaufbäumen gegen die Zeit. Selbst der furchtbare, mit allen Mitteln der Technik geführte Zweite Weltkrieg hatte Eriksons Glauben an kommerziell zu nutzende Großsegler nicht ganz zerstören können. Im Sommer 1949 wurde noch einmal eine Weizenregatta ausgesegelt. Die letzte in der Geschichte der Windjammer. Nur noch zwei Segler beteiligten sich an der Wettfahrt: die beiden Halbschwestern »Passat« und »Pamir«.

Weizenregatta anno 49: Der Sieger heißt »Passat«

Als die »Passat« am 19. September 1949 im irischen Hafen Queenstown mit etwas über viereinhalbtausend Tonnen südaustralischen Weizens festmachte, hatte sie die Regatta der beiden betagten Damen mit einer Fahrtzeit von 109 Tagen gewonnen. Die »Pamir« brauchte für die Überfahrt von Port Victoria nach Falmouth 18 Tage länger. Allein schon diese Differenz zweier annähernd gleichwertiger Schiffe mit gleichwertigen Besatzungen zeigt die ganze Unberechenbarkeit des Gütertransports mit Segelschiffen.

Auch Eriksons Erben wurde das Risiko der absoluten Windabhängigkeit zu groß. Sie ließen die »Passat« und die »Pamir«, wie schon einmal gegen Ende des Krieges, als schwimmende Getreidespeicher im Hafen liegen - diesmal im Auftrag der britischen Regierung –, bis auch das nicht mehr rentabel war.

Eriksons Erbe auf dem Schrottplatz

Die Nachfolger des alten Gustaf Erikson hingen nicht mehr mit der Beharrlichkeit nostalgischer Gefühle an den Großseglern. Als ihnen ein belgischer Schrotthändler einen annehmbaren Preis für die beiden Schiffe bot, zögerten sie nicht lange. Dies war keineswegs eine Mißachtung ihres schweren Erbes. Der Firmengründer selbst hatte vorausschauend bestimmt, daß seine Windjammer niemals zu Motorfrachtern umgebaut werden dürften. Beim Verkauf mußte unter allen Umständen garantiert werden, daß der neue Eigentümer sie wieder als Segler einsetzen würde. Sollte sich dazu niemand bereit finden, müßten die Schiffe verschrottet werden. Die Abwrackwerft in Antwerpen schien die Endstation für die einst so stolzen Halbschwestern »Pamir« und »Passat« zu werden.

Noch aber war das Schicksal nicht besiegelt. Einem deutschen Reeder gelang es im letzten Augenblick, das Ruder noch einmal herumzureißen. Zwar glaubte auch er nicht mehr an die reine Frachtfahrt mit Segelschiffen. Die Vorstellung, die er um jeden Preis verwirklichen wollte, war eine Kombination aus Frachter und Schulschiff. So wurde Heinz Schliewen der neue Eigner der betagten Schiffe, die andere längst aufgegeben hatten.

Die Gelegenheit schien günstig. In den ersten Nachkriegsjahren hatte kaum eine Chance bestanden, nautischen Nachwuchs auszubilden. Der Nachholbedarf war erheblich, und das Interesse junger Männer an der Seefahrt begann sich nach dem Schock des Krieges wieder zu beleben.

Für die älteren Fahrensleute war es keine Frage (und ist es wohl auch heute nicht), daß ein Großsegler die besten Voraussetzungen bietet, junge Männer mit der Seefahrt vertraut zu machen und in ihnen jene Charaktereigenschaften zu entwickeln, mit denen allein der harte und entbehrungsreiche Beruf des Seemanns zu bewältigen ist.

Heinz Schliewen reiste zusammen mit seinem Kapitän Helmut Grubbe nach Antwerpen, um die beiden Viermastbarken vor dem Abwracken zu retten. Die Männer ließen die Schiffe in Schlepp nehmen und brachten sie nach Travemünde.

Am 20. Juni 1951 war es geschafft, und zu diesem Zeitpunkt war auch die Finanzierung des Projekts mit privaten Krediten und staatlicher Hilfe so weit sichergestellt, daß man den Umbau der Segler für die neue Aufgabe planen konnte.

Der Reeder ließ seine beiden Windjammer nach Kiel bringen und erteilte den Howaldtswerken den Auftrag, die »Passat« und die »Pamir« als frachttragende Segelschulschiffe auszubauen und entsprechend einzurichten.

Heinz Schliewen war bereit, tief in die Tasche zu greifen und sich die Verwirklichung seiner Idee einiges kosten zu lassen. Rund zweieinhalb Millionen Mark investierte er für seine Segelschulschiffe, und er bezahlte für mancherlei Komfort, von dem die alten Kap-Hoorniers nicht einmal zu träumen gewagt hätten. Und den sie auch für überflüssig hielten. Elektrisches Licht und fließendes warmes Wasser mochte ja noch angehen, Proviant-Kühlräume, Bäder und Zentralheizung wurden gerade noch akzeptiert. Aber elektrische Waschmaschinen, Kaffee-Automaten und in Einzelkabinen aufgeteilte Mannschaftsunterkünfte – das ging manch einem altgedienten Fahrensmann denn doch zu weit. Kritische Stimmen wurden laut. Anderer-

62

63

seits hatte Schliewen erkannt, daß die alten Standards auch in diesem abenteuerlichsten aller Berufe überholt waren und daß man qualifizierten seemännischen Nachwuchs nur gewinnen konnte, wenn man ihm an Bord wenigstens einen Teil des Komforts bot, der an Land für selbstverständlich gehalten wurde.

Hinzu kamen kostspielige Umbauten für die Sicherheit der Schiffe. Ein Hilfsmotor, wasserdichte Schotts, Laufbrücken, Deckshäuser und ein besonderes Ladegeschirr. Die Braß- und Fallwinden wurden auf das Hochdeck verlegt.

Ende 1951 waren die Umbauarbeiten beendet. Damit war die »Passat« zu dem geworden, was Ferdinand Laeisz sich wohl kaum jemals hätte träumen lassen und was Gustaf Erikson als ein Sakrileg empfunden haben würde: ein Windjammer mit Motor!

Flaggenwechsel im Januar 1960: Der Doppeladler Lübecks weht über der »Passat«.

Eine Bank »gewinnt« ein Schiff

Heinz Schliewen war Anfang der fünfziger Jahre an der Küste nicht sehr bekannt. Ein »Newcomer« aber hat es im Reedereigeschäft – wie auch im Schiffbau – nicht leicht, sich gegen die stets mißtrauischen »Alteingesessenen« durchzusetzen. In der besonderen Situation, in der sich das Nachkriegs-Deutschland befand, kam noch der Argwohn der Alliierten hinzu. Sie sahen es nicht gern, wenn die junge Bundesrepublik durch ihr Interesse an Segelschulschiffen zu erkennen gab, daß sie in der internationalen Handelsschiffahrt eines Tages wieder eine Rolle zu spielen gedachte.

Mißtrauen gegen einen Newcomer

Schliewen wußte, daß er mit seinen frachttragenden Segelschulschiffen ein hohes finanzielles Risiko einging. Das Wohlwollen und die gelegentliche Begeisterung, auf die seine Idee in der Öffentlichkeit stieß, halfen wenig, wenn es galt, Zinsen für Kredite einzufahren und Mittel für die erheblichen laufenden Unterhaltskosten aufzubringen.

Den jungen Kadetten einen größeren finanziellen Beitrag für ihre Ausbildung auf einem Segelschulschiff abzuverlangen, wurde als »unsozial« empfunden. So gab es von Anfang an skeptische Stimmen, die Schliewens schnellen Abgang von der Schiffahrtsszene voraussagten.

Junge Leute auf einem alten Schiff

Zunächst aber gingen »Passat« und »Pamir« mit über 80 Mann Besatzung – darunter fünfzig Anfänger – auf die Reise. Die »Passat« im Februar 1952 nach der Ostküste Südamerikas, an Bord eine Ladung Zement für Rio Grande do Sul. Dann segelte sie unter Ballast nach Buenos Aires, um eine gemischte Ladung aus Getreide und Stückgut für Antwerpen abzuholen.

Die Landesbank als Reeder: Fahrterlaubnisschein von 1955

Die zweite Reise brachte für die jungen Leute an Bord keine Abwechslung: Dieselbe Route, annähernd die gleiche Ladung, keine besonderen Höhepunkte . . . Das Logbuch dieser zweiten Reihe liest sich wie eine Kopie des ersten.

Was die offiziellen Schiffsaufzeichnungen nicht einmal erahnen lassen, das sind die schlaflosen Nächte, die Heinz Schliewen in diesem einen Jahr gehabt haben muß. Aber nicht etwa seine beiden Schulschiffe brachten ihn um den Schlaf und schließlich auch um den in einer Hansestadt schwerwiegenden Ruf, ein guter Kaufmann zu sein. Er hatte den durch den Korea-Krieg ausgelösten Boom auf dem Seefrachtensektor falsch eingeschätzt und daraus die falschen Konsequenzen gezogen: Sieben neue Schiffe gab er damals in Auftrag, und er beteiligte sich an anderen spekulativen Geschäften, die mit der Schiffahrt nichts zu tun hatten. So mußte denn das Schicksal seinen Lauf nehmen, das viele „Insider" dem auf großem Fuß lebenden Jungreeder prophezeit (und einige wohl auch gewünscht) hatten. Heinz Schliewen mußte aufgeben.

Schlaflose Nächte eines Reeders

Seine kurz zuvor in Auftrag gegebenen Neubauten fanden schnell Abnehmer. Auf der »Pamir« und der »Passat« aber blieben die Mitfinanziers des unternehmerischen Abenteuers sitzen. So ergab es sich, daß die beiden Windjammer einen ungewöhnlichen Eigentümer bekamen: die Schleswig-Holsteinische Landesbank.

Das Geldinstitut fand sich in seine neue Aufgabe schnell hinein. Ihm ist es zu verdanken, daß beide Schiffe durch sorgfältige Pflege in einem seetüchtigen Zustand blieben. Kapitän Grubbe, der sich schon einmal um die betagten Damen verdient gemacht hatte, war auch diesmal der Retter in der Not. Er übernahm die Treuhänderschaft über die Windjammer und hielt engen Kontakt zur alten Stammbesatzung, um jederzeit wieder die Segel setzen zu können.

Einer Bank bleibt keine Wahl

1955 war es soweit. Um die Ausbildungschancen auf den attraktiven Großseglern nicht zu verspielen, hatte sich inzwischen die »Stiftung Pamir und Passat« konstituiert, in der sich 40 Reedereien zusammengefunden hatten, um ihre »Lehrwerkstätten« gemeinsam zu verwalten. Nicht nur die großen Schiffahrtunternehmen, wie die Hapag, der

40 Reeder – eine »Lehrwerkstatt«

See-Berufsgenossenschaft

Hamburg

Fahrterlaubnisschein

(Sicherheitszeugnis für Frachtschiffe / ~~Fahrgastschiffe~~)

Gültig bis **30. September 1957** - - -

Fahrten: - - - - - **Lange Fahrt** - - - - - - - - - - -

Der Fahrterlaubnisschein verliert seine Gültigkeit, wenn die jetzige Klasse bzw. Seefähigkeit nicht mehr besteht. Kapitän und Reeder sind verpflichtet, jeden die Seetüchtigkeit beeinträchtigenden Unfall der See-Berufsgenossenschaft unverzüglich zu melden.

Name des Schiffes: "Passat" **Schiffsart:** Viermastbark

Heimathafen: Lübeck **Br.-Reg.-To.** 3181 **U.-Signal:** D K E G

Reeder: Landesbank und Girozentrale Schleswig-Holstein, Kiel

Klasse des Schiffes: Germ. Lloyd ⚓ 100 A/4 u. Lloyds Register 100 A 1

Das Schiff ist in Lübeck-Siems im Sept.55 nach Vordr. F für Schiffsbesichtigung und

in Lübeck-Siems im Sept.55 nach Vordr. F für Maschinenbesichtigung

den vorschriftsmäßigen Überholungen unterzogen worden und nach dem Ergebnis bezüglich des Schiffs-

körpers, der Maschinenanlage, des Freibords und der Bemannung sowie in Bezug auf

Vorkehrungen an und unter Deck	Lichterführung und Signalwesen
Feuerschutzvorschriften	Nautische Ausrüstung und Inventar
Anker, Ketten und Trossen	Ladegeschirr (siehe Ladegeschirr-Bescheinigung)
Boote und Rettungsgeräte	Funkausrüstung (siehe Funk-Sicherheitszeugnis)

und gemäss § 19 Abs. 5 der UVV für Kauffahrteischiffe beichtigt und als Schulschiff zugelassen.

als den Unfallverhütungsvorschriften der See-Berufsgenossenschaft genügend, zur Seefahrt zugelassen worden.

Hamburg, den **28. September 1955**   **Die See-Berufsgenossenschaft**

St.

Direktor

Dieser Schein muß auch bei Abwesenheit des Kapitäns den technischen Aufsichtsbeamten jederzeit zur Einsicht vorgelegt werden können, andernfalls bei Doppelüberholungen der Reeder für die Kosten aufzukommen hat.

Den Hafen-, Musterungs- und Zollbehörden sowie der Wasserschutzpolizei ist der Fahrterlaubnisschein auf Anfordern vorzulegen.

Norddeutsche Lloyd und Hugo Stinnes, zogen mit. Auch viele kleine Firmen, wie die Nordfriesische Reederei in Rendsburg oder die Kieler »Weichsel«-Dampfschiffahrts-A.G., bekundeten durch ihre Mitarbeit in der Stiftung ihr ungebrochenes Interesse an der Schulung auf Segelschiffen und damit ihr Verantwortungsbewußtsein gegenüber dem seemännischen Nachwuchs.

Mit 95 Mann an Bord, darunter 20 Mann Stammbesatzung und 50 Auszubildenden, die man damals noch »Schiffsjungen« nennen durfte, ging die »Passat« wieder auf große Fahrt. Nur das Kap Hoorn wurde fortan gemieden. Reiseziele waren Argentinien und Uruguay.

Ordnung an Deck ist oberstes Gebot – auf See wie auch im Hafen

Wie andere Decksaufbauten wurde auch das Kartenhaus erst mit dem Umbau der »Passat« zum Segelschulschiff gebaut

Der einsame Kampf für eine gute Sache

Man schrieb das Jahr 1950. Deutschlands Schiffahrt begann gerade, sich von dem Schock des Krieges zu erholen. Viele dachten daran, eine neue Handelsflotte aufzubauen und wieder an die alten überseeischen Verbindungen der Vorkriegszeit anzuknüpfen. Kaum jemand dachte an die Ausbildung seemännischen Nachwuchses. Man hatte ja genug erfahrene Männer, die – aus Krieg und Gefangenschaft heimgekehrt – nun darauf warteten, irgendwo anheuern zu können. Und wenn gelegentlich von Ausbildung die Rede war, drehten sich die Gedanken um das, was die meisten damals für »zeitgemäß« hielten: Ausbildung auf modernen, hochtechnisierten Schiffen. Einer der wenigen, die weiterdachten, weil sie ihre Gedanken auf die Erfahrungen der Vergangenheit richteten, war Kapitän Helmut Grubbe.

Zwar war von der »Passat« noch nicht die Rede, aber das alte Schulschiff »Deutschland« war schon wieder im Gespräch. Und da bot es sich an, über die Zukunft der Segel-Schulschiffe nachzudenken. Helmut Grubbe verfaßte im Dezember 1950 eine private Denkschrift, der auch heute – mehr als dreißig Jahre später – kaum etwas hinzuzufügen ist; es sei denn, man redete vom Geld . . .

Es lohnt sich, einige Passagen aufmerksam zu lesen: »Tatsächlich besteht nur in wenigen Ländern der Welt keine Pflicht der Segelschiffsausbildung für Schiffsoffiziere und Kapitäne. Selbst sechs der

Ein Kapitän kämpft für ein Schulschiff

68

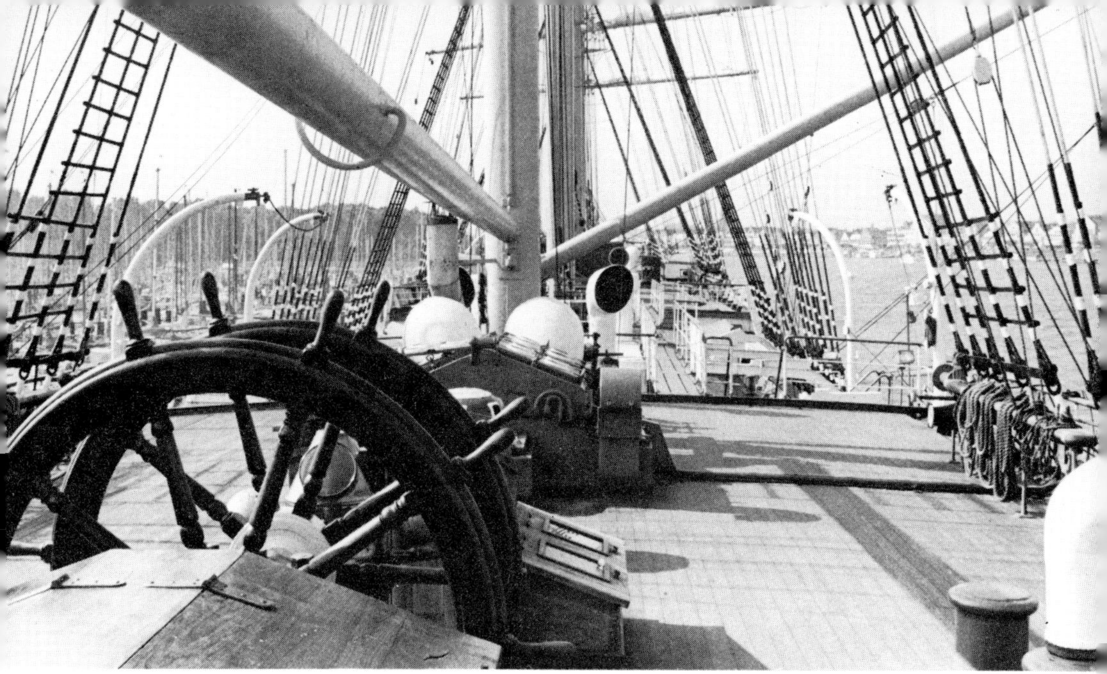

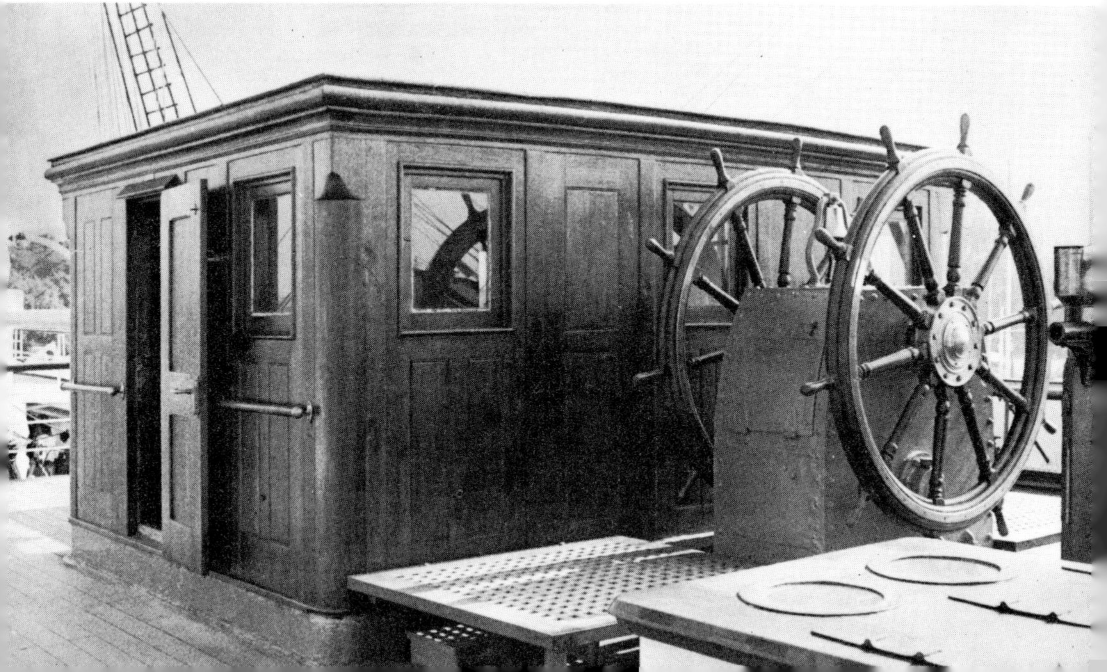

nordamerikanischen Staaten fordern noch Segelschiffahrtszeit. Aber unabhängig davon wird in allen Ländern die Segelschiffsausbildung höher gewertet als die Dampferfahrzeit. Auch in England, der großen seefahrttreibenden Nation, erhält jeder Fahrensmann eine Vergünstigung von sechs Monaten für die auf Segelschiffen abgeleistete Fahrzeit. In Schweden, das nach dem Kriege von der Segelschiffausbildung zurückgetreten ist, wird dennoch jede Segelschiff-Fahrzeit bis zu neun Monaten doppelt angerechnet. Dasselbe ist in Norwegen der Fall. In Dänemark wird jede Segelschiffszeit, die über die Pflichtzeit abgeleistet wird, auch mit besonderen Vergünstigungen für die Gesamtfahrenszeit gewertet.« *Der Blick über den Grenzzaun*

Dem Blick auf die Ausbildungspraxis im Ausland folgte eine entschiedene Kritik der damaligen Schulungsmethoden auf Handelsschiffen:

»Die Erfahrungen mit der Dampferausbildung haben gezeigt, daß nicht alles so ist, wie man es gern haben möchte. Jedenfalls haben die Klagen seitens der Schiffsführung, daß keine Zeit und kein Personal für die Ausbildung vorhanden ist, seitens der Eltern, daß die Jungen sich mehr oder weniger selbst überlassen bleiben und nichts lernen, außer der Handhabung von Lukendeckeln und Farbewaschen, und seitens der Reedereien, daß die Jungen die Lust verlieren und in England zum Teil nur noch zur See gehen, um der Waffenpflicht zu entgehen, nicht aufgehört.« *. . . nichts außer Handhabung von Lukendeckeln*

Unter den altgedienten Kap-Hoorniers war es unumstritten, wieviel mehr man auf einem Windjammer lernen konnte, aber die »offiziellen Kreise«, an die Kapitän Grubbe seine Denkschrift in erster Linie richtete, mußten erst einmal mit der Nase darauf gestoßen werden.

»Was der Seemann auf jeden Fall auf dem Segelschiff lernt, ist sein Handwerk, der Umgang mit Booten, Tauwerk, Draht usw., sozusagen einen geraden Strich feilen, selbst wenn er es später nur im Notfall braucht. Nach den Klagen der Schiffsführer scheint dieser Notfall aber heute eine laufende Erscheinung zu sein. Die Reedereien sind verständlicherweise nicht geneigt, die Reparaturen ihrer Bootsbezüge oder das Spleißen eines Windenrenners an Land vornehmen zu lassen. Und etwas anderes, sehr Wesentliches lernt man beinahe unbewußt auf dem Segler: Die Beobachtung von Wetter und See. Die erste Frage nach dem Wecken war doch immer: Was liegt an?, was macht das Wetter?, und wenn auch nur aus der Befürchtung heraus, müssen Manöver gemacht werden, Segel fest und dergleichen? Das erzog unbewußt zur ständigen Beobachtung der weiteren *»Was liegt an?«*

70

Umgebung und damit zur Wachsamkeit vor unverhofften Überraschungen . . .

Ein weiterer, nicht zu unterschätzender Faktor war zweifellos die Erziehung zur Sparsamkeit, die Notwendigkeit, mit den einfachsten Mitteln durch Kopf und Hand den größten Erfolg zu erzielen. Sicher ist wohl, daß auf Seglern eine Menge Arbeiten vorkommen, die für den Dampfer unwichtig sind, aber zweifellos sehr viel mehr, die auch auf Dampfern gebraucht werden, und zwar besonders in Notständen . . .«

Als Helmut Grubbe diese Gedanken zu Papier brachte, ahnte er noch nicht, daß die »Passat« eines Tages unter seiner Führung segeln und daß er die Chance haben würde, seinen Gedanken als Erzieher junger Kadetten Form zu geben. Er hat diese Aufgabe glänzend bewältigt.

Aber es soll auch nicht verschwiegen werden, daß die Ansichten über die unbedingte Notwendigkeit einer Ausbildung auf Großseglern durchaus auseinandergehen. Auch bei denen, die selbst dabei waren. Nehmen wir – stellvertretend für ein breites Meinungsspektrum – zwei Aussagen von Männern, die zur selben Zeit auf der »Passat« Dienst getan haben.

Der Stolz eines Schiffsjungen Der eine war 1955 als Schiffsjunge »eingestiegen«. Seine Meinung heute: »Ich bin sehr stolz, daß ich auf der ›Passat‹ gefahren bin. Ich bin aber auch der Meinung, daß man nicht etwa ein besserer Seemann wird, wenn man sieben Monate auf einem solchen Schiff gefahren ist. Mein Sohn müßte nicht auf einem Segelschiff fahren, wenn er Seemann werden sollte – aber es wäre für ihn persönlich ein Gewinn, wenn er es täte. Damit ist nicht das rein Fachliche gemeint.« Der andere fuhr als Schiffsarzt und hat auch die letzte Reise der »Passat« mitgemacht. Er schreibt: »Mit dem Wegfall der Segelschiffausbildung droht den jungen Menschen die Seefahrt zur reinen Erwerbstätigkeit abzusinken, bar jener tiefen inneren Bindung, die diesem besonderen Ruf seit jeher eigentümlich war. Die ausschlaggebende Rolle wird hierbei der Kameradschaft zuzuschreiben sein . . .

Die Brücke vom Menschen zur Natur Das ist das Geheimnis des Segelschiffs: Selbst Brücke vom Menschen zur Natur, baut es auch Brücken unter den Menschen.«

Kannst splissen un knoten –
kannst priemen un roken

Neptun nahm
sein Amt ernst:
Die Äquatortaufe
war nichts für
zarte Seelen . . .

»Der Höhepunkt der ganzen Reise« – erinnert sich der Steuermann
Peter Hinz, der dabei war, als die Passat zu ihrer ersten Reise als
Schulschiff in See ging – »war die Äquatortaufe, eigentlich ja eine
Quälerei, die vom Morgen bis zum Abend dauerte. Pillen mußten wir *Pillen*
schlucken, so groß wie Tennisbälle, angepinselt wurden wir, von *wie Tennisbälle*
oben bis unten mit Toilettenpapier verbunden und dreimal unter
Wasser gedrückt. Das Schwierigste war, wieder sauber zu werden . . .«
Bei einem Glas Rum, das der Kapitän anschließend für die Täuflinge
und diejenigen spendierte, die den armen Delinquenten schön lange
unter Wasser hielten, war der Ärger am Spaß der anderen wieder
schnell vergessen. Außerdem waren die großen Pillen der Äquator-
taufen nicht die bittersten, die die Jungen auf ihren Ausbildungsfahr-
ten schlucken mußten. Für ein Segelschulschiff reichte es ja nicht, mit
Mannschaft und Ladung sicher im Bestimmungshafen anzukommen.
Außer praktischen Erfahrungen sollten die jungen Männer auch noch
ein bißchen theoretisches Wissen von großer Fahrt mitbringen. Und
so hatten sich die meisten von ihnen die Seefahrt denn doch nicht
vorgestellt. Der Bericht jedenfalls, den der Kapitän gegen Ende der
La-Plata-Reise im März 1956 schrieb, spricht für sich. Zunächst war
die Sache noch ganz gut gelaufen: Als die »Passat« Madeira passiert
hatte, ließ der Kapitän seine Schützlinge Spanisch büffeln. »Die
Jungen«, notierte er in seinem Bericht, »sind mit großem Interesse an
die Sache herangegangen und haben je nach Vorbildung und Intelli-
genz sowie persönlichen Fleiß und nach Überwindung von Hemmun-
gen bei der ersten Anwendung ihrer Kenntnisse in Buenos Aires ganz
nette Erfolge gehabt.«
Kein Wunder. Die Mädchen dort sprachen schließlich Spanisch, und
da wußte man doch, wofür man sich in der spärlich bemessenen
Freizeit abgemüht hatte. Aber als die Schiffsleitung Mathematik auf *Mathematik*
den Lehrgang setzte, stieß sie auf wenig Begeisterung, und der *wenig gefragt*
Kapitän klagte über das unterschiedliche Bildungsniveau der ihm
anvertrauten Auszubildenden. Immerhin war ein buntes Gemisch

Taufschein

Frachtsegelschulschiff „Passat"

Wir,
Neptun von Gottes Gnaden,
Herrscher aller Meere, Flüsse,
Bäche, Seen, Tümpel und Teiche,
tun hiermit kund und zu wissen,
daß der
beim Passieren der Linie
auf den Namen
getauft wurde.

Der Kapitän: .... gegeben am Äquator, den

von Volksschülern, Jungen mit mittlerer Reife und Abiturienten an Bord. Wie sollte man da eine praktikable Basis für den Unterricht finden? Ein bißchen mehr Druck noch, und die erste und einzige Meuterei auf der »Passat« wäre in die Annalen der Windjammergeschichte eingegangen . . .

Auf der Rückreise stand mehr Fachliches auf dem Plan. Abgesehen von einem Aufsatz mit dem einfallsreichen Thema: »Buenos Aires, wie ich es erlebt habe.« Im übrigen aber war es an der Zeit, die jungen Männer mit Themen der späteren Berufspraxis vertraut zu machen: Ladungen und ihre Behandlung, Rauchschutzgeräte, Feuerlöscher und ihre Anwendung, Spleißen und Knoten, Handhabung des Rettungsboot-Notsenders, Rettungsboote, deren Überholung und Ausrüstung. Schließlich auch ein paar Kapitel Motor- und Dampffahrkunde; denn es war klar, daß kaum einer der Jungen, die ihre Grundausbildung auf der »Passat« erhielten, später die Chance haben würde, auf einem Segler Berufskarriere zu machen.

Aber auch mit den fachbezogenen Themen riß die Schiffsleitung ihre Kadetten nicht vom Stuhl, und der Kapitän schrieb einigermaßen enttäuscht in seinen Bericht: »Auf der Heimreise hat sich bei mir der Eindruck verstärkt, daß die Jungen von allem praktischen Unterricht begeistert sind, die theoretischen Fächer aber fast restlos ablehnen. *Theorie – nein danke!* Sehr viele Fächer sind ihnen ja von den Seemannsschulen her bekannt, so daß die Wiederholung etwas ermüdend wirkte. Am liebsten würden sie es sehen, wenn überhaupt kein theoretischer Unterricht erteilt würde . . . So kommt es, daß eine ganze Anzahl Jungen freiwillig abmustern und auch unter keinen Umständen wieder auf ein Schulschiff wollen . . .

Dennoch gab es immer wieder unterhaltsame Stunden und gemeinsamen Zeitvertreib – Strukturierung der Freizeit würden Soziologen heute sagen –, die sich allen tief in die Erinnerung einprägten und die sie auch fast 30 Jahre später immer wieder gern erzählen. Zum Beispiel die vielen Abende, an denen gesungen und musiziert wurde. Nicht ganz selbstlos. Wegen der vielen Einladungen, die man in Südamerika erwartete, wurden eifrig deutsche Lieder geübt. Und es lohnte sich. Die Jungen wurden schon während der ersten Reise von einem deutschen Sportverein zu einer Weihnachts- und Silvesterfeier *Ein Weihnachtslied* eingeladen. Dort haben dann 20 musikalisch begabte Jungmannen *für Auslandsdeutsche* mehr als 600 deutschstämmige Gäste zu stürmischen Ovationen herausgefordert.

Wo sie auch an Land gingen: Sie brachten ein Stück Nachkriegs-

74

deutschland in die Fremde. Sie waren Botschafter eines Landes, das knapp zehn Jahre zuvor die Welt in Schrecken versetzt hatte.

Man ließ es die jungen Männer nicht spüren, daß es die Deutschen immer noch schwer hatten, im Ausland auf Wohlwollen und Freundschaft zu treffen.

Hunderte von Briefen, die zusammen mit anderen Schiffspapieren im Lübecker Sportamt aufbewahrt werden, beweisen, wie gern man die Besatzung des Segelschulschiffes zu Gast hatte.

»Lieber Herr Kapitän . . .«

». . . bitte ich um freundliches Verständnis«, entschuldigte sich ein Gastgeber beim Kapitän, »daß der Jungmann verspätet an Bord eintrifft . . . Wir hatten einen deutschen Gast, der erst nach Mitternacht kommen konnte.«

»Folgende Herren Ihrer Besatzung würde ich gern zu einem kleinen Hausfest einladen und bitte um die Liebenswürdigkeit, sie freizugeben . . .«, schreibt eine Dame aus Florida.

»Am Sonnabend findet von unserem Sportverein eine Tanzveranstaltung statt«, ließ ein Vorstand aus Martinez wissen. »Es wäre uns eine große Freude, wenn Sie sieben Kadetten bis drei Uhr beurlauben würden.«

Fahrten durch die südamerikanische Landschaft wurden der Besatzung angeboten, man schickte ihnen Theater- und Konzertkarten, lud zum Asado-Essen ein und forderte die Schiffs-Fußballmannschaft zu Freundschaftsspielen heraus, von denen die »Passat«-Jungen die meisten Spiele verloren. Auf den schwankenden Schiffsplanken waren sie sicherer als auf dem glatten Rasen!

Plattdütsch an'n La Plata

Auch Volkstümliches wurde ihnen im Ausland immer wieder angeboten, mit dem die deutschstämmigen Familien beweisen wollten, wie sehr sie deutsches Brauchtum erhalten hatten und pflegten. Sogar eine »Plattdütsche Vereenigung an'n La Plata« präsentierte vor der »Passat«-Mannschaft ihre urdeutschen Unterhaltungskünste (die von den meisten kaum verstanden wurden; denn viele der Jungen kamen aus dem Binnenland und wären mit Frankfurter »Gebabbel« oder Schwäbisch besser bedient gewesen).

Trotz der an Bord notwendigen Disziplin bemühte sich Kapitän Grubbe mit seinen Offizieren, den Jungen viel Freiheit zu lassen, um sie nicht nur zu guten Seeleuten, sondern auch zu selbständigen und verantwortungsbewußten Männern zu erziehen.

Manch einem der »Erziehungsberechtigten« war das offenbar nicht recht. Möglicherweise waren die Sorgen in Einzelfällen auch nicht aus der Luft gegriffen. Was mag in einem 16jährigen Jungen vorgehen, wenn er mit seinem ersten selbstverdienten Geld das Abenteuer fremder Länder erlebt? In der Schiffskorrespondenz stößt man immer wieder auf besorgte Anfragen, die von einem der Offiziere stereotyp beantwortet werden.

»Es war uns leider nicht möglich«, heißt es in einem Brief an einen Bremerhavener Onkel, »über den Verbleib des von Hero verdienten Geldes Auskunft zu erteilen. Hierüber müssen Sie schon Ihren Neffen selbst befragen. Aus betriebstechnischen Gründen bin ich zur Zeit nicht in der Lage, Ihnen die verflossenen Abrechnungen zu übersenden . . .«

Wo blieb Heros Geld?

Die Befürchtung der Eltern, die »lieben Kleinen« würden vielleicht nicht genug Schlaf bekommen und gelegentlich über die Stränge schlagen – was wohl auch mal vorkam –, wurde mit der Antwort quittiert: »Es wird Sie gewiß beruhigen, wenn ich Ihnen sage, daß auch bei uns an Bord für die Jungen um 10.00 Uhr Zapfenstreich ist.« Typisch sind auch Sätze wie diese (geschrieben am 27. März 1956): »Zum Thema ›Rauchen‹ kann ich Ihnen nur sagen, daß laut Jugendschutzgesetz Jugendliche über 16 Jahre in der Öffentlichkeit rauchen dürfen. Da fast alle übrigen Jungen von ihren Eltern Raucherlaubnis haben, ist es uns nicht möglich, die Böcke von den Schafen zu trennen . . .«

Die Böcke und die Schafe

Wie hätte die Schiffsleitung in diesem Punkt auch eine zuverlässige Kontrolle gewährleisten können? Von alters her galt die Seemannsweisheit: »Kannst du splissen un knoten, kannst ok priemen un roken.« Und dieses entschuldigende Seemannswort hatte sich natürlich auch bei den Jungen auf der »Passat« herumgesprochen.

Besonders rührend waren immer wieder gutgemeinte Zuschriften, in denen sich brave Landratten Gedanken darüber machten, wie es denn um das seelische Wohl der jungen Seeleute bestellt sei. Heimweh? Ein Gelegenheitsdichter machte sich an die Arbeit, den in der großen, weiten Welt Leidenden Trost aus dem einstigen Heimathafen zu spenden. »Sehr geehrter Herr Kapitän«, schrieb er, »hiermit erlaube ich mir, Ihnen das von mir verfaßte Gedicht ›Hamburg – das Tor zur Welt‹ beiliegend zu überreichen. Dieses Gedicht ist tongerecht abgestimmt, so daß es mit guten, flotten Melodien frisch und froh gesungen werden kann . . . Es läßt sich auch seemännisch und shantyartig singen . . .«

*Bei schönem Wetter und ruhiger See wurde die Arbeit
in der Takelage zu einem sportlichen Vergnügen.*

Das Schicksal klopft an die Bordwand

1957 war das Schicksalsjahr für die »Passat«. Später als geplant ging das Schiff vom La Plata, dem gewaltigen Strom Südamerikas, auf die Heimreise. Der starke Ostwind hatte es dem Kapitän ratsam erscheinen lassen, ein bißchen länger zu warten als beabsichtigt.

Jeder vertrieb sich die Zeit auf seine Weise. Viele der Jungen, die auf der »Passat« ihren ersten seemännischen »Schliff« bekommen sollten, nutzten die schnellgeschlossenen südamerikanischen Freundschaften zu einem eiligen Abschieds-Landgang. Der Schiffsarzt Dr. Hellmut Jebens, der zwölf Jahre später ein faszinierendes Buch über diese Reise veröffentlichte, kaufte noch ein paar Medikamente für die Schiffsapotheke ein und schoß als begeisterter Fotograf die letzten Erinnerungsfotos. Am Morgen des 18. September verließ die »Passat« ihren Liegeplatz vor dem Getreidesilo in der argentinischen Hauptstadt. Vorbei an Montevideo erreichte sie – beladen mit 80 000 Zentnern Gerste – am Abend die offene See.

80 000 Zentner Gerste für Hamburg

Das Wetter hatte sich nicht wesentlich gebessert. Der Kapitän ließ zunächst Südkurs segeln, um aus dem Einfluß des Brasilstroms herauszukommen. Als sich die »Passat« endlich von der Küste freigesegelt hatte, geriet sie in eine Flaute. In solchen Situationen erwies sich die Nützlichkeit des 1951 eingebauten Hilfsdiesels, mit dem wenigstens ein paar Knoten zu machen waren.

Absolute Windstille macht die Männer auf Segelschiffen mißmutig. Hält die Flaute länger an, kann sogar so etwas wie depressive Stimmung aufkommen. Ein Windjammer, der sich mitten auf dem Ozean nicht von der Stelle bewegt, ist ein trauriger Anblick. Die einzige Entschädigung für eine solche Wetterlage ist für die Besatzung eine »Besichtigungsfahrt«: Die Boote zu Wasser lassen, ein Stück zu rudern und das müde daliegende Schiff aus einiger Entfernung zu bewundern. Ein Anblick, den sie sonst ja den Landratten überlassen müssen!

Beschäftigungstherapie in der Flaute

Über den erschütternden Funkspruch, der die »Passat« in dieser Phase ihrer Reise erreichte, ist bereits berichtet worden:
Die »Pamir« hatte SOS abgesetzt, und tagelang herrschte beunruhigende Ungewißheit über das Schicksal der Kameraden und Freunde

an Bord jenes Schiffes, das so oft als Schwester der »Passat« bezeichnet wird, obwohl das Verwandtschaftsverhältnis zwischen den beiden Schiffen so eng nicht ist. Aber die Schicksalsverbundenheit, die gemeinsame Aufgabe am Ende ihres ereignisreichen Lebens mag diesen Irrtum rechtfertigen.

Diejenigen, die in diesen harten Tagen dabei waren, haben in der kargen Sprache der Seeleute immer wieder auszudrücken versucht, was sie bei dem Gedanken an die mögliche Katastrophe der »Pamir« bewegt hat. Zu der Erschütterung kam sicher die Frage, ob nicht auch ihr Schiff unter ähnlichen Umständen in eine solche Lage hätte *Spekulationen* kommen können. Tagelang spekulierten sie über die Ursache des *um die »Pamir«* furchtbaren Unglücks, an dessen Wahrscheinlichkeit sie nicht mehr zweifeln konnten, obwohl sie nicht mit letzter Konsequenz daran glauben wollten. Immer wieder wurde darüber diskutiert, daß die Ladung »übergegangen«, also verrutscht sein mußte, weil es nicht in ihre Köpfe wollte, daß ein so bewährtes Schiff wie die »Pamir« anders zum Kentern gebracht werden könnte. Wenn es aber die Getreideladung war, die möglicherweise auch durch eingedrungenes Seewasser aufgequollen sein und dabei eine ungeheure Sprengkraft entwickelt haben konnte, dann drängte sich die Frage nach der Sicherheit der eigenen Ladung auf. Auch die »Passat« hatte ja in Buenos Aires *Der »Quelltest«* Gerste geladen . . . Die Jungen machten einen Test mit einem Topf *mit der Gerste* Gerste, um festzustellen, wie sich das Getreidevolumen vermehrte, wenn man die Körner in Wasser einweichte. Das Ergebnis hatte nichts Beunruhigendes.

Etwas anderes bot mehr Grund zur Sorge: Schon während des ersten Teils der Reise war die Gerste so weit »geschrumpft«, daß in den Laderäumen über dem Getreide 30 Zentimeter Luft gemessen wurden. Die theoretische Erörterung, ob die Schiffsbewegungen, das Auf und Ab in der verhältnismäßig ruhigen See, das Getreide so weit zusammenfallen ließen oder ob die Vibrationen des Dieselmotors es »zusammengeschüttelt« hatten, war für die Besatzung an Bord der »Passat« von durchaus praktischer Natur. Denn so viel war auch dem jüngsten und unerfahrensten Mann an Bord klar: Übergehen und das Schiff damit in eine Schräglage zwingen konnte die Schiffsladung nur, wenn in den Laderäumen genügend Hohlraum ihr dazu Gelegenheit bot.

Die Gefahr vor Augen, machte sich die Besatzung an die harte Arbeit: Die zur Sicherung des Schüttgutes aufgelegten gefüllten Säcke wurden beiseite geräumt – eine teuflische Aufgabe in dem heißen Getreidestaub, der bei der Arbeit aufwirbelte und in ganz kurzer Zeit den gesamten Laderaum geradezu einnebelte –, und dann machten sich Jungen, unterstützt von der Stammbesatzung, daran, die Gerste so umzutrimmen, daß jeder auch noch so kleine Hohlraum wieder ausgefüllt war. Dies alles war eine Vorsichtsmaßnahme, die sich bei ruhigem Wetter leicht bewältigen ließ.

In der Mallung, der windstillen Zone in Äquatornähe, wo niedriger Luftdruck mit aufsteigenden Luftmassen das Wetter bestimmt und wo geringe Windstärken dem Großsegler keine Chance zu Rekordleistungen geben, goß es in Strömen. Aber erst als die »Passat« jenen Klimagürtel erreichte, der bei ihrer Taufe Pate gestanden hatte, kam die Bark gut voran. Wenn auch nur drei Tage lang. Dann störten wieder wechselnde Winde die zügige Fahrt.

Sorgenvoll beobachteten die Offiziere der »Passat« die zunehmende Dünung, aus der sie mit einiger meteorologischer Erfahrung einen bevorstehenden Sturm herauslesen konnten. Dieser Sturm erreichte die »Passat« knapp 30 Stunden, nachdem das Schiff die letzte Azoreninsel passiert hatte, mit acht bis zehn Windstärken und entsprechend schwerer See.

Die »Passat« war gut vorbereitet. Die Ladung war gesichert, und wie üblich hatte der Kapitän beim Verlassen des Passatgürtels die weniger widerstandsfähigen, nicht mehr ganz neuen Segel gegen die erste, sturmsichere Garnitur austauschen lassen. Eine Arbeit, für die man bei einer Viermastbark immer gute zwei Tage ansetzen muß. Das für den Notfall so wichtige Rettungsgerät, die eisernen Rationen und die Signalmunition waren sorgfältig überprüft worden, die Schutznetze für die Reling und die Strecktaue für das Vor- und Achterdeck lagen bereit, um im Bedarfsfall gespannt zu werden. Und der Kapitän hatte noch einmal ein Bootsmanöver machen lassen, damit auch der letzte »Jungmann« seinen Platz und jeden Handgriff kannte, der im Ernstfall zu tun war. Mochte er kommen, der Sturm. Die »Passat« war gerüstet, ihm Trotz zu bieten.

Manchmal allerdings sah es nicht so aus, als könnte die gute alte Viermastbark den Angriffen des Meeres widerstehen. Schwere See überflutete von Zeit zu Zeit das ganze Schiff, begleitet von Böen, die in kurzen Abständen in die erheblich verkleinerte Segelfläche griffen und wütend an der Takelage zerrten. Besan- und Stagsegel waren die einzigen, die während des Sturms gesetzt blieben.

Als der Wind Orkanstärke erreichte, ließ der Kapitän beidrehen, um das Tief möglichst schnell an sich vorüberziehen zu lassen. Das Logis

Das »Innenleben«
der »Passat«:

– Außenwand
des Schiffsrumpfes

– Querschotten unter-
teilen den Rumpf

– Die Masten sind
im Schiffsboden
fest verankert

– Innenverstre-
bungen dienten
gleichzeitig als
Leitern zur Luke

Mit Besan-
und Stagsegel
in den Orkan

der Matrosen auf dem Achterschiff stand als erstes knöcheltief unter Wasser. Aber es war nur eine Frage der Zeit, bis sich das – glücklicherweise um diese Jahreszeit nicht sehr kalte Atlantikwasser – auch mittschiffs ausbreitete.

Wer nicht anderweitig dringend benötigt wurde, half beim Lenzen, beim Leerpumpen der vollgeschlagenen Innenräume. Das war Routine und hatte für die Besatzung nichts Beunruhigendes. Auch, daß das Ruder zu diesem Zeitpunkt mit vier kräftigen Männern besetzt werden mußte, lag durchaus noch im Rahmen dessen, was man in dieser Situation normal nennen kann. Der Bootsmann und einige Matrosen hatten das gesamte Tauwerk von den Nagelbänken an die Strecktaue gebracht, um es vor den alles verschlingenden Sturzseen zu retten. Auch das zählte – zumindest für die erfahrenen Besatzungsmitglieder – zur Routine. Wenn auch zu einer Routine, die von Ausnahmesituationen diktiert wurde!

Solange sich die »Passat« nach dem Überholen bis zu 45 Grad immer wieder mit spielerischer Leichtigkeit aufrichtete, dachte niemand an die Gefährdung, die ein solches Wetter auch für ein gutausgerüstetes und überaus seetüchtiges Schiff bedeuten konnte. Erst als die »Passat« von Stunde zu Stunde schwerfälliger wurde, sich ganz offensichtlich, für alle erkennbar und fühlbar, mit größerer Bereitschaft auf die Seite legte, statt sich so schnell wie möglich wieder aufzurichten, beriet sich der Kapitän mit seinen Offizieren. Man sprach über die Möglichkeit, den Tieftank auf der Steuerbordseite zu fluten, um der angeschlagenen alten Dame das Aufrichten zu erleichtern. Noch aber zögerte der Kapitän, das Kommando für diese Maßnahme zu geben. Er war sich darüber im klaren, daß er damit einen Teil seiner Ladung vernichten und einen »Versicherungsfall« produzieren würde. Im technischen Sinn bedeutete das Fluten eines Tieftanks eine Havarie. *Das Schiff richtet sich nicht mehr auf*

So wurde zunächst beschlossen, die verrutschte Gerste von Backbord auf die Steuerbordseite zurückzuschaufeln. Außer den Männern am Ruder, dem Funker, einem Jungmann, dem Schiffsarzt und dem Kapitän waren alle mit übermenschlicher Kraftanstrengung dabei. Es war für sie mehr als ein Kampf ums Überleben. Es war die Leidenschaft für ein Schiff, an das sie glaubten.

Wie groß muß die Enttäuschung gewesen sein, als sie nach stundenlanger strapaziöser Schinderei einsehen mußten, daß sich ihr Segler so nicht zur Vernunft bringen ließ! Die Situation wurde in der zweiten Nacht von Stunde zu Stunde kritischer. Der Funker der »Passat« hatte bereits eine Notmeldung abgesetzt. Noch nicht das bedingungslose, höchste Gefahr signalisierende SOS, wohl aber das dreifache »X«, das alle Schiffe in erreichbarer Nähe auffordert, sich nicht weiter zu entfernen und auf einen möglichen Hilferuf vorbereitet zu sein.

Um 18 Uhr hatte der Kapitän den Funkspruch absetzen lassen. Ein Passagier-Dampfer meldete sich mit der Information, er könne gegen zwei Uhr morgens bei der »Passat« sein, mußte aber angesichts des schweren Sturms diese Zusage bald darauf korrigieren: Vor sechs Uhr morgens sei an sein Eintreffen nicht zu denken.

Der Schiffsarzt Hellmut Jebens, der alle Vorgänge dieser Sturmnacht mit wacher Gelassenheit registrierte, hat die dramatischen Stunden vor der folgenreichen Entscheidung eindrucksvoll geschildert:

»Plötzlich warf der Kapitän sich herum, entgeistert wies er nach vorn: War das eine Welle? Ein Turm aus Wasser war vor dem Klüverbaum aufgestanden, dieser fuhr mitten hindurch, dann verschwand für Augenblicke, unheimliche endlose Augenblicke, die ganze Back (der vordere Aufbau) im schwarzen Wasser der Überwelle, daß einem der Atem stockte. Da glaubte einer, die Schiffsglocke auf der Back klingen zu hören. Bald darauf tauchten die Rettungsboote auf Leeseite in die kochende See und rissen an ihren Halterungen. Das Maß war voll.« Der Kapitän bewegte sich mühsam zum Kartenhaus. Die Entscheidung, mit der er so lange gerungen, die er in Verantwortung für seine Ladung immer wieder hinausgeschoben hatte, mußte nun in Verantwortung für sein Schiff und die ihm anvertrauten Männer ohne Wenn und Aber gefällt werden.

Ein Kapitän trifft eine schwere Entscheidung

Die nüchterne Eintragung in das Logbuch vom 5. November 1957 vermittelt kaum einen Eindruck von der Zerrissenheit, in der sich Kapitän Grubbe in dieser Nacht befunden haben muß, und sie läßt auch nichts von der Einsamkeit spüren, die einen Mann in einem solchen Augenblick umfängt:

»Gegen 16.00 Uhr holte das Schiff so weit über, daß das Klinometer auf Anschlag kam. Das Schiff kam auch nicht mehr aufrecht, und ich vermutete Übergehen eines Teiles der Ladung. Um das Schiff aufzurichten, wurde angeordnet, Ladung und Ausrüstung im Unterraum I nach Steuerbord überzutrimmen, soweit es möglich war. Gleichzeitig wurde angeordnet, sämtliches Bunkeröl in den Steuerbordtank überzupumpen. Gegen 22.30 Uhr holte das Schiff so weit über, daß etwa 60 Grad Schlagseite angenommen wurden. Darauf befahl ich um 22.30 Uhr das Fluten des Steuerbord-Laderaumtanks. Das Schiff kam langsam wieder hoch.«

Die 200 Tonnen, die in die Tieftanks hineingepumpt worden waren, hatten die »Passat« aus ihrer bedrohlichsten Krise befreit. Die Mannschaft atmete auf, als das Leeschanzkleid, die dem Wind abgewandte Seite, behäbig aus den Fluten auftauchte.

Die Gefahr für die »Passat« war damit keineswegs gebannt. Sie hatte immer noch Schlagseite in hochgehender See, und der geflutete Tank drückte sie auch insgesamt tiefer in das Wasser, so daß die Bark auch in den folgenden Stunden gewaltige Wassermassen übernahm. Erst am Nachmittag des darauffolgenden Tages ließ der Sturm nach. In zwei langen Tagen und Nächten hatte er sich ausgetobt.

Durch die Flutung des Tanks war die »Passat« manövrierbehindert, und das bedeutete: Man mußte alles daransetzen, die Ladung so schnell wie möglich loszuwerden. Lissabon bot sich als günstigster Anlaufhafen an. Am 8. November meldete der Ausguck »Land in Sicht«.

Portugals Küste stieg aus dem Frühdunst empor. Ob der eine oder andere der jungen Fahrensleute in den Sturmnächten der letzten hundert Stunden insgeheim daran gezweifelt hatte, jemals wieder ein Stück Land zu sehen? Wer weiß, welche Gedanken sich auf einem solchen schmalen Grat zwischen Leben und Untergang einem Menschen aufdrängen, und wer weiß, ob nicht den einen oder anderen die Erinnerung an das Schicksal der »Pamir« gelähmt haben mag. Wie bewußt tut man in einer solchen Sturmnacht seine Pflicht? Wie ergeben ist man in sein Schicksal? Welche Kräfte ist man zu entwickeln imstande, um sich gegen die undurchschaubaren Ratschlüsse der Götter aufzulehnen?

Was empfindet ein Mann, wenn ihm bewußt wird, in scheinbar ausweglöser Situation das Richtige getan zu haben? Der Schriftsteller Hans Domizlaff hat als exzellenter Kenner aller Geheimnisse, die ein Großsegler mit sich über die Meere trägt, einmal formuliert, wie wenig die Weisheit der Bücher einem Kapitän unter extremen Bedingungen helfen kann, seine Probleme zu lösen: »Schon die Frage, ob es zweckmäßig sei, sich bei allzu schweren Stürmen willenlos treiben zu lassen und dabei bedenkenlos die Querlage in der See in Kauf zu nehmen, oder ob es richtiger sei, bei verlangsamter Fahrt zu lenzen, oder ob es schließlich nicht doch das beste sein könne, das klassische Mittel des Beidrehens zu wählen, um den Bug des Schiffes etwa vier bis sechs Strich auf die See zu legen, wird sehr uneinheitlich beantwortet. Letzten Endes liegt es nicht an der Befolgung von Regeln, sondern im Ermessen eines Kapitäns, was er tut.«

84

Kapitän Grubbe hatte seine »Passat«, so gut es eben möglich war, mit Schlagseite nach Lissabon gebracht. Er hatte die Hilfe eines Hochseeschleppers, den ihm die Reederei entgegengeschickt hatte, nicht mehr in Anspruch nehmen müssen. Die stolze »Passat« schaffte es auch als gebeugter Havarist, mit eigener Kraft in den Hafen der portugiesischen Hauptstadt einzulaufen. Ein Triumph nicht nur für den Kapitän, sondern auch für die Jungen, die an Bord gekommen waren, um die Hohe Schule der Seemannschaft zu erlernen.

Eines schaffte der für die Windjammerfahrt so unvergleichlich engagierte letzte Kapitän der »Passat« nicht: Seinem Schiff den Weg in den Ruhestand noch für eine paar Jahre zu ersparen. Die Katastrophe der »Pamir« und das Schicksal, das bei der letzten »Passat«-Fahrt mahnend an die Bordwand geklopft hatte, setzen einen nicht sehr wohlklingenden Schlußakkord unter das letzte Kapitel der Ausbildung auf frachttragenden Segelschulschiffen.

Poker mit spitzem Stift

Zwei ganze Jahre verbrachte die »Passat« nach ihrer Schicksalsfahrt im trostlosen »Wartestand«. Die Ungewißheit über ihre Zukunft mag noch manch eine Hoffnung geschürt haben; viele der Jungen, die das Schiff in ihr Herz geschlossen hatten, warteten auf eine neue Chance, an Bord gehen zu können.

In seinem »Geburtshafen« Hamburg bot der Windjammer ein eindrucksvolles Bild: Ein Exote unter den dickbauchigen Frachtern, flach und langgestreckt, fast zierlich sein Rumpf. Aber die schlanken Masten überragten alles, was sich in seine Nähe wagte, und wiesen sogar die gewaltigen Schwimmkräne in den bescheidenen Rang jener, die allenfalls die Kulisse für einen Star abgeben dürfen. Die »Passat« wurde bald zur Hauptattraktion der Hafenrundfahrten.

Aber die wirtschaftlichen Zwänge forderten schließlich den Verkauf.

In Lübeck wurde man hellhörig. Immerhin war diese Stadt schon einmal Heimathafen der »Passat« gewesen. Trotzdem war es keine

Entscheidung, die sich die mit dem spitzen Rechenstift vertrauten Hanseaten an der Trave aus dem Ärmel schüttelten. Die »Passat« war ja nicht irgendein altes Schiff, das der eine gern loswäre und ein anderer zufällig gern hätte. Die Viermastbark galt als voll funktionsfähiges Transportmittel, und so ist denn auch bei den Verkaufsverhandlungen nie von einem willkürlich gesetzten Verkaufspreis oder gar von einem »Liebhaberpreis« die Rede gewesen. »Restbuchwert« klang viel sachlicher und unantastbarer.

Restbuchwert:
325 000 Mark

Dieser Restbuchwert lag am 31. März 1959 bei 325 000 Mark. In der Senatsdrucksache an die Lübecker Bürgerschaft wurde zwar vorsichtig angedeutet, man wolle versuchen, den Preis noch ein bißchen zu drücken, aber das war wohl mehr eine Beschwichtigungsgeste, um die Abgeordneten ausgabefreudig zu stimmen.

Hinzu kamen noch die kalkulierten Überführungskosten vom Liegeplatz der »Passat« in Hamburg zur Priwall-Halbinsel in Travemünde. Die Höhe des Betrags mag den Laien überraschen, aber unter 25 000 Mark war da nichts zu machen.

Wichtig für die Kalkulation und zugleich verhängnisvoll für die späteren musealen Ansprüche an die »Passat« war der zweite Absatz in der Begründung, mit der die finanziellen Mittel eingeworben wurden:

Ein bißchen
Handeln ist
Hanseatenpflicht

»Der geforderte Kaufpreis für das Segelschulschiff ›Passat‹ ist um so mehr angemessen, wenn berücksichtigt wird, daß das Segelschulschiff ›Passat‹ mit allem Zubehör verkauft wird. Die letztere Tatsache ist insofern wichtig, als entbehrliches Zubehör – wie Segeltuchballen, Schiffsmotor, Tauwerk usw. – verkauft werden soll, um aus dem Verkaufserlös zumindest zu einem Teil den für den neuen Zweck des Segelschulschiffes ›Passat‹ notwendigen Ausbau zu finanzieren.«

Etwa 70 000 Mark hatten sich die Stadtväter ausgerechnet als Erlös für alles, was nicht niet- und nagelfest war. Das erleichterte in der damaligen finanziellen Situation sicher die Entscheidung. Aber man übersah im Eifer der Zahlenspiele, daß damit auch ein Teil jener Ausrüstungsgegenstände unwiederbringlich verlorengehen mußte, der das Schiff mit Leben erfüllte und gewissermaßen seine Seele ausmachte. Die Ausstattung der »Passat« mit Originalen ist heute so bescheiden, daß man eine gute Portion Phantasie mitbringen muß, um sich vorzustellen, wie es insbesondere unter Deck in der »aktiven« Zeit des Schiffes ausgesehen haben mag. Nur mühsam hat der Verein »Rettet die Passat« in den letzten Jahren das eine oder andere Erinnerungsstück auf das Schiff bringen können, das – wenn auch nicht von der »Passat«, so doch – aus der Zeit stammt, als die Bark frachtbeladen über die Meere segelte . . .

Doch zurück zur Senatsvorlage. Die Lübecker Stadtregierung stand damals unter Zeitdruck. Sie hatte erfahren, daß auch andere Interessenten mit der »Stiftung Pamir und Passat« verhandelten. Zwar war nicht klar, wer als ihre Gegenspieler in das Geschäft einsteigen wollten, aber es gab im Lübecker Rathaus keinen Zweifel darüber, daß es nicht mehr viel zu pokern gab und daß man sich nicht allzu viel Zeit lassen durfte. In seiner Sitzung vom 30. Oktober 1959 beschloß der Senat eine Eilentscheidung, die ihm außerplanmäßige Bewilligungen ermöglicht hätte. Die »Stiftung Pamir und Passat« scheint aber selbst stark daran interessiert gewesen zu sein, das Schiff in Travemünde vor Anker gehen zu lassen. Jedenfalls ließ sie sich in zähen Verhandlungen so viel Zeit abringen, daß die notwendigen parlamentarischen Verfahren ordnungsgemäß durchgezogen werden konnten.

Auf der Suche nach einem Partner, der wenigstens einen Teil der immensen Kosten mittragen konnte, waren die Lübecker Stadtväter sehr bald fündig geworden. Das Segelschulschiff »Passat«, so hatten sie überlegt, solle Bestandteil der Landausbildungsstätte für seemännischen Nachwuchs auf dem Priwall werden. Diese Seemannsschule war eine Einrichtung des Landes Schleswig-Holstein. Die Lübecker rechneten ihrer Landesregierung vor, daß die Schülerzahl um ein Drittel auf etwa 180 angehoben werden könne, wenn man die »Passat« in den Unterrichtsbetrieb dieser Schule einbeziehen würde. Die jährliche Unterhaltungslast für diese Nutzung schätzten die Haushaltsexperten auf 90 000 Mark, weitere 90 000 bis 100 000 errechneten sie für den schulbedingten Umbau.

Das Land Schleswig-Holstein zeigte sich spendabel, wenn auch mit Einschränkungen. Die Lübecker Stadtväter hatten wohl auch gar nicht damit gerechnet, daß ihre Unterhändler der Landesregierung die vollen Beträge aus der Staatskasse entlocken würden. Jedenfalls ließen sie sich nach alter Hanseatenart auf einen »Deal« ein: Das Land übernahm den Ausbau des Segelschulschiffes für schulische Zwecke, wenn sich die Hansestadt Lübeck mit der Hälfte dieser Kosten, im Höchstfall bis 50 000 Mark, beteiligen würde, und für die Unterhaltungslast wollte Schleswig-Holstein einstehen, wenn sich Lübeck mit jährlich 15 000 Mark beteiligte.

Damit aber war nur ein Teil des Problems gelöst. Es war ja nicht allein mit dem Kauf eines ausgedienten Großseglers getan, es mußte

Wenn Ladung knapp war, mußte die »Passat« Sandballast aufnehmen. Es war ein hartes Stück Arbeit, den Ballast aus dem Laderaum zu hieven.

Getreide wurde als Schüttgut gefahren.

auch ein geeigneter Liegeplatz für den Veteranen gefunden werden – attraktiv sowohl hinsichtlich der Erreichbarkeit für Besucher als auch bezüglich der Umgebung. Um das Schiff optisch zur Geltung zu bringen, mußte es möglichst frei und gut sichtbar vertäut werden und durfte durch die umliegenden Hafenbauten nicht eingeengt und damit entwertet werden.

Nüchtern und sachlich: Das Übergabe-Protokoll vom September 1959

Die Travemündung erfüllt alle diese Voraussetzungen. Der ehemalige U-Boot-Hafen auf dem Priwall war ohnehin mit dem Ende des Krieges überflüssig geworden. Es gab erste Pläne, den Sportschiffern dort einen Yachthafen anzubieten. Die »Passat« würde dadurch einen milieugerechten Rahmen bekommen und könnte zugleich die Funktion einer Schutzmole für die Sport- und Freizeitboote übernehmen. Die Hansestadt beschloß, eine 80 Meter lange Brücke sowie Gas-, Wasser- und Stromanschlüsse für die »Passat« zu bauen. Rund 300 000 Mark kamen dafür in Ansatz, ein knappes Drittel dieser Summe übernahm die Landesregierung.

Der Bund war weniger großzügig. Zwar hatten die Lübecker auf einen Zuschuß aus Bonn gehofft und der Bundeszollverwaltung vorgeschlagen, die Passat-Brücke gleichzeitig für die Zollabfertigung zu nutzen. Die Ozeanbrücke am westlichen Trave-Ufer, die als Zollbrücke diente, wäre damit überflüssig geworden, und man hätte die fälligen Reparaturkosten einsparen können. Aber die Zollverwaltung winkte ab und signalisierte den Lübeckern, daß mit einem Zuschuß aus der Zollkasse nicht zu rechnen sei.

Der »Bund« macht nicht mit

Die Enttäuschung darüber wurde den Lübeckern ein bißchen dadurch versüßt, daß die »Stiftung Pamir und Passat« sich in den darauffolgenden Verhandlungen noch 10 000 Mark abhandeln ließ. Der endgültige Kaufpreis für die »Passat« wurde auf 315 000 Mark festgesetzt. Das Schiff wechselte seinen Besitzer.

Ein Windjammer geht in Pension

Die Übernahme eines fast 50 Jahre alten Schiffs ist ein bißchen komplizierter als der Kauf eines gebrauchten Autos. Da gibt es Hunderte von Einzelpositionen zu überprüfen, auch in den Berei-

90

Übergabe - Protokoll

Am heutigen Tage wurden übergeben und übernommen

Schiff und Takelage mit fester u.beweglicher
Ausrüstung lt.Inventarlisten

Maschine mit fester u.beweglicher Ausrüstung
lt.Inventarlisten

mit folgenden Einschränkungen:

Das in den Listen aufgeführte Verbrauchsmaterial der
Segelkoje, des Kabelgatts, des Farbspinds u.Reinigungs-
geschirr ist zum Teil angebrochen bezw. verbraucht worden.
Das Navigationsgerät befindet sich z.T. an Land (siehe
Quittung), das übrige in der Navigations-Last.
Das Büromaterial ist z.T. verbraucht.
Der Hilfsdiesel I der Maschine befindet sich zur Reparatur
an Land, ebenso die Hydrophor-Kreiselpumpe.
Für das Verbrauchsmaterial gilt das oben Gesagte.
Wäsche und Bekleidung befinden sich in der Koffer- bezw.
Wäsche-Last, sie sind z.T. beschädigt, z.T. im Gebrauch,
z.T. schmutzig in Wäschesäcken.
Der Proviant ist aufgenommen, der Bestand in der Proviant-
Abrechnung eingetragen, der Bestand beträgt DM 1.460,63.
Der Apotheken-Bestand ist zu 90% unbrauchbar. Die Betäu-
bungsmittel sind komplett lt.Bestandsliste (Giftbuch).
Die Instrumente sowie das Mikroskop sind mit Paraffin ver-
sehen und geschützt eingewickelt und befinden sich mit
ihren Schubladen im Zollschrank der Kapt.Kajüte.

Hamburg, den 30.September 1959

übergeben: übernommen:

. . . .
Kapitän   Kapitän

chen, die eigentlich gar keine Rolle mehr spielen, weil das Schiff ohnehin aus dem Verkehr gezogen werden soll. Aber Ordnung muß nun einmal sein. Ein genaues Übergabe-Protokoll vom 30. September 1957 verzeichnet auch scheinbare Nebensächlichkeiten. Da wird beanstandet, daß in den Listen aufgeführtes Verbrauchsmaterial der Segelkoje, des Kabelgatts, des Farbspinds und Reinigungsgeschirr angebrochen und zum Teil schon verbraucht waren. Dasselbe galt für das an Bord befindliche Büromaterial. Sogar der Wert des noch vorhandenen Proviants wurde genau geprüft und auf 1460,63 Mark fixiert. Der Apothekenbestand wurde zu 90 Prozent für unbrauchbar befunden, aber das Protokoll traf befriedigt die Feststellung, die Betäubungsmittel seien dem Giftbuch entsprechen komplett. Viel wichtiger als die »verderblichen Güter« war – auch im Hinblick auf die künftige Nutzung der »Passat« – dèr Zustand der schiffstypischen Ausrüstung. Das Navigationsgerät war zum Zeitpunkt der Schiffsübergabe in der Navigationslast verstaut. Ein Teil befand sich jedoch an Land. Eine ordnungsgemäße Quittung wurde mit dem Schiff übergeben.

Besonders sorgfältig waren die Instrumente und das Schiffsmikroskop verwahrt. Sie befanden sich gut verpackt im Zollschrank der Kapitänskajüte.

Zusammen mit den im Übergabeprotokoll erwähnten Gegenständen erhielt der neue Eigentümer der »Passat« auch eine ganze Reihe interessanter Dokumente, aus denen sich zumindest ein Teil des abenteuerlichen Lebens des Schiffes rekonstruieren läßt: Mehrere Schiffszeichnungen, die komplette Kapitänsordermappe, mehrere Schiffstagebücher und diverse Ordner mit Korrespondenzen. Die zum Teil sehr persönlich gehaltenen Briefe von Bewunderern der Windjammer und ihrer Besatzungen, aber auch Anfragen und Ratschläge besorgter Eltern und Verwandten, die einen Sohn oder Neffen an Bord hatten, verraten mehr über das Leben auf der »Passat« als alle offiziellen Aufzeichnungen . . .

Am 5. Januar 1960 sah die »Passat« ihren Geburtshafen Hamburg zum letzten Mal. Willenlos ließ sie sich auf den Schlepperhaken nehmen. Kein Typhon erleichterte ihr den Abschied. Sang- und klanglos glitt sie elbabwärts.

Die Schiffssicherheitsabteilung der See-Berufsgenossenschaft hatte für diese letzte Fahrt der »Passat« strenge Auflagen erteilt: Vor dem Fahrtbeginn mußte noch eine Bodenbesichtigung im Dock vorgenommen werden. Um eine ausreichende Stabilität des hohen Seglers

Für die Überführung der »Passat« zum Priwall mußten die Mastspitzen »gekappt« werden. In voller Höhe hätte das Schiff die Brücken über den Nord-Ostsee-Kanal nicht passieren können.

Abschied vom Geburtshafen

und einen angemessenen Tiefgang zu erreichen, sollte das Schiff zusätzlich zu den vollen Wasserballasttanks etwa 250 Tonnen Sandballast fahren. Der Hochseeschlepper, der die »Passat« überführte, mußte eine Mindestleistung von 1500 PS aufweisen. Außerdem wurde zwischen Schiff und Schlepper eine UKW-Sprechfunkverbindung gefordert. Alle übrigen Funkeinrichtungen sowie die Lampen und der Kompaß mußten betriebsklar sein. Auch die Besatzungsstärke wurde genau festgelegt: Außer dem Kapitän mußten zwei Offiziere, zwei Maschinisten, ein Assistent, ein Koch und acht Mann Deckspersonal an Bord sein, wobei ausdrücklich vermerkt war, daß Junggrade von der Seefahrtsschule nicht akzeptiert würden. Außerdem verlangte die See-Berufsgenossenschaft, der Kapitän habe die Wettervorhersage zu berücksichtigen. Bei mehr als 5 Windstärken sollte das Schiff nicht auslaufen. Aber der Wettergott blickte an diesem Wintermorgen gnädig auf die »Passat«, der er schon so viele Prüfungen auferlegt hatte. . .

Mit Sandballast nach Travemünde

Der Wettergott ist gnädig

Pensionärin mit Nebeneinnahmen

In ihren besten Jahren hat die »Passat« ihren Reedern beachtliche Gewinne eingefahren. Und auch in kritischen Zeiten – einmal abgesehen von ihrer »Karriere« als Schulschiff – waren die Einnahmen immer ein bißchen größer aus die Ausgaben. Das konnte natürlich so nicht bleiben, als die Viermastbark ihrer eigentlichen Bestimmung entzogen wurde. Ein Schiff, das keine Ladung mehr von Kontinent zu Kontinent transportiert, ist ein armes Schiff. Aber auch im wohlverdienten Ruhestand ist die »Passat« keineswegs ganz auf die Almosen einer nostalgiegeprägten Welt angewiesen.
Unmittelbar nach seiner Überführung in die Travemündung wurde das Schiff für die Ausbildung junger Seeleute hergerichtet, als eine Dependance der Schleswig-Holsteinischen Seemannsschule auf dem Priwall. Im August 1960 gingen die ersten 48 Decksjungen an Bord. Das war durchaus ein Geschäft auf Gegenseitigkeit. Die Jungen lernten, sich auf einem Schiff zu bewegen, und sie gewannen Einblik-

48 Decksjungen gehen an Bord

ke in die Geheimnisse eines Großseglers – auch wenn ihnen selbst klar war, daß sie niemals mit einem solchen Schiff aufs Meer hinausfahren würden. Und manch eine notwendige Arbeit auf der »Passat«, die man sonst hätte teuer bezahlen müssen, wurde im Rahmen des Lehrprogramms erledigt.

»Der internatsmäßige Unterricht der angehenden Seeleute«, hieß es in einem Rechenschaftsbericht, »hat auf der Passat den wohl unbezahlbaren Vorteil, daß die Jungen nicht nur in einer Bordgemeinschaft leben, sondern alle Übungen – angefangen vom Bootsmanöver bis zur Schiffspflege – wirklich in der Praxis kennenlernen.«

Der Rechnungshof ist unzufrieden

Der Vertrag, den das Land Schleswig-Holstein mit der Hansestadt Lübeck über die Nutzung der »Passat« abgeschlossen hatte, brachte der Seemannschule 48 neue Plätze, zusätzlich zu den vorhandenen 96. Unzufrieden war nur der schleswig-holsteinische Rechnungshof, der dem Finanzminister vorwarf, das Ganze sei »unwirtschaftlich«! Ein Barackenanbau an die alte Seemannschule hätte es auch getan. Der Minister wehrte sich mit dem Argument, unter wirtschaftlichen Gesichtspunkten könne man das Problem beim besten Willen nicht betrachten.

Bevor der Streit so richtig ausgefochten werden konnte, regelte sich die Frage auf natürliche Weise: Die Begeisterung für den Beruf des Seemanns ließ sehr bald nach. Das harte Leben auf See, die – damals noch – unbefriedigende soziale Sicherung des Seemanns, die ständige Trennung von der Familie und wohl auch der niedrige soziale Status einfacher Seeleute führten zu einem Rückgang der Schülerzahlen. Im

Schleswig-Holstein steigt aus

September 1965 entschloß sich das Land Schleswig-Holstein, die »Passat« an Lübeck zurückzugeben. In diesen fünf Jahren waren rund tausend Decksjungen in vierteljährlichen Lehrgängen auf ihren künftigen Seemannsberuf vorbereitet worden.

Jetzt waren die Stadtväter gezwungen, sich nach einer neuen Nutzungsmöglichkeit für ihr Schiff umzusehen. Mit 102 Betten in Ein- und Mehrbettkammern, Wasch- und Toilettenräumen, einem großen und zwei etwas kleineren Aufenthaltsräumen und einem für verschiedene Gemeinschaftsveranstaltungen geeigneten Besprechungszimmer war es nicht schwer, Interessenten zu finden. Seit April 1966 steht das Schiff für Lehrgänge der Jugendpflege, des Sports und der internationalen Jugendbewegung zur Verfügung, und zwar »rund um das Jahr«. Da alle Kammern zu beheizen sind, können sie auch im Winter belegt werden.

Hauptnutzer wurden das Deutsch-Französische Jugendwerk und in der Badesaison auch die Deutsche Lebens-Rettungs-Gesellschaft, die für ihre in der Lübecker Bucht eingesetzten ehrenamtlichen Helfer auf der »Passat« Unterkünfte fand.

Von Jahr zu Jahr reisten mehr Jugendliche an, und das kam der Bilanz des Schiffes zugute, auch wenn damit nur ein Teil der immensen Kosten abgedeckt werden konnte. Als das Sportamt, das den Windjammer »verwaltet«, nach einem Dutzend Jahren ständiger Aufwärtsentwicklung Bilanz zog, sah die Einnahme-Seite des »Passat«-Kontos recht gut aus. Annähernd eine Viertelmillion hatte die Stadt mit ihrem schwimmenden Jugend-Hotel eingenommen. Das Schiff war 211 Tage im Jahr belegt – mehr als doppelt soviel wie in der Anlaufphase der ersten Zeit. Und der Trend wies weiterhin aufwärts. Daher beschloß man, den Aufenthaltsraum in der Luke II den Bedürfnissen entsprechend zu vergrößern. Damit hatte sich die »eiserne Lady« immerhin die Hälfte ihres bis dahin noch mäßigen Lebensunterhalts selbst verdient. Die »Pension«, die ihr aus der Staatskasse zugeschossen werden mußte, hielt sich in den Grenzen, die Lübecks Etat gerade noch verkraften konnte.

Als Gegenleistung hatte die »Passat« etwas zu bieten, das sich ohnehin nicht in Geld bewerten und noch weniger aufwiegen läßt: Einen beispiellosen Beitrag zur Völkerverständigung. In jedem Jahr wechselt die »Besatzung« des Deutsch-Französischen Jugendwerks sieben- bis neunmal. Jedesmal kommen 40 junge Leute an Bord, französische und deutsche Mädchen und Jungen im Alter von 18 bis 25 Jahren. Sie kommen mit dem erklärten Ziel, die Kunst des Segelns in möglichst »natürlicher« Umgebung zu erlernen. Dafür steht ihnen eine ansehnliche Flotte von »Folkebooten«, »Forellen«, »Kuttern« und »Congern« zur Verfügung, die im Yachthafen hinter der »Passat« ihren Liegeplatz haben. Tatsächlich lernen die Jugendlichen mehr als nur Segeln; denn das Deutsch-Französische Jugendwerk wurde von den Regierungen beider Länder gegründet, um »das gegenseitige Kennenlernen, die Verständigung, die Solidarität und die Zusammenarbeit der Jugend zu fördern«. Der Sport ist ein Mittel, um diese Ziele zu erreichen.

»Schwimmende« Völkerverständigung

Wie schon zu Zeiten der aktiven Fahrenszeit, wo die »Passat« jeden Mann forderte und die Besatzung so zu einer Gemeinschaft zusammenschweißte, erzeugt der Windjammer auch heute noch ein bemerkenswertes Zusammengehörigkeitsgefühl. Außenseiter kann es nicht geben, weil es bei den Segelkursen keine Einmannboote gibt. Die

*Imposante Kulisse für den Segelunterricht
des Deutsch-Französischen Jugendwerkes*

Viererteams auf den kleineren Booten und die sechs oder acht Segler auf den Kuttern sind immer »gemischte« Mannschaften. Auf diese Weise muß jeder Teilnehmer wenigstens die Grundbegriffe der jeweils anderen Sprache erlernen. Und daß bei der Sache mehr herauskommt als nur ein schwarz auf weiß nach Hause zu tragender Segelschein, dafür sorgen gemeinsame Ausflüge in die Umgebung der Lübecker Bucht, Diskussionsabende, Tanzveranstaltungen und was sonst jungen Leuten als »Geselligkeit« in den Sinn kommt.

Von den 8000 Jugendlichen, die auf der »Passat« zusammen mit ihren »Moniteuren« – als Segellehrer ausgebildeten Betreuern – in den vergangenen 15 Jahren dabei waren, hat kaum jemals einer seine Teilnahme negativ gewertet. Es ist, als würde die geheimnisvolle Faszination, die von dem Flying-Liner auch heute noch ausgeht, sie in ihren Bann ziehen, sie aufnahmefähig und -bereit machen für das, was andere bewegt. *8000 Segelscheine in 15 Jahren*

So hat denn die gute, alte »Passat« ihre Attraktivität für junge Menschen nicht verloren. 1955, als die »Passat« noch einmal als Schulschiff auf Argentinienfahrt ging, hatten sich fast alle freiwillig gemeldet, die den Windjammer während ihrer Ausbildung an der Schiffsjungenschule auf dem Priwall kennengelernt hatten. Würde man heute den jungen Seglern eine ähnliche Chance geben – wie viele könnten widerstehen?

Und auch diejenigen, die nur auf eine schnelle Stippvisite über die Gangway klettern, die mit ihrer Schulklasse für anderthalb Stunden an Bord kommen, um sich von einem altgedienten Kapitän des Nautischen Vereins mit der »Passat« bekanntmachen zu lassen, fühlen sich auf unerklärliche Art in den Bann des Windjammers gezogen.

Auf die Frage eines Rundfunkreporters, ob man tatsächlich so viel Geld für die Erhaltung eines solchen Denkmals ausgeben solle, meldete sich keiner der sonst so kritischen Fünfzehn- und Sechzehnjährigen, der nicht bereit gewesen wäre, der »Passat« ein Opfer zu bringen . . . *Jugendliche begeistern sich für ein Denkmal*

SOS – die Masten brechen

Was der »Passat« in ihrer Fahrenszeit – sogar während der schicksalhaften Sturmfahrt – in letzter Konsequenz erspart geblieben war, mußte sie 1979 als »Pensionärin« doch noch zumindest symbolisch erleben. Kurz vor Weihnachten wurde ein SOS-Ruf besonderer Art abgesetzt: eine Bitte um finanzielle Hilfe.

Der Hilferuf aus Lübeck Jahr für Jahr hatte die Stadt Lübeck rund 300 000 Mark für die Instandsetzung ihres Prestige-Schiffes aufbringen müssen. Dann stellte sich heraus, daß auf einen Schlag 1,2 Millionen gebraucht würden, um die Masten und die Takelage zu erneuern. »SOS, die Masten brechen«, signalisierte die Boulevard-Presse ihren für Seefahrtsromantik immer empfänglichen Lesern, und Lübecks Sportsenator, von Amts wegen für die »Passat« verantwortlich, formulierte besorgt: »Wenn nicht bald etwas passiert, kracht alles zusammen!«

Ingo Petersen, Vorsitzender des Vereins »Rettet die Passat«, gab einen Zustandsbericht »seines« Schiffes, und der war alles andere als ermutigend: »Der Schiffsrumpf ist in Ordnung, aber das gesamte stehende und laufende Gut des Seglers befindet sich in einem katastrophalen Zustand.« Experten hatten das Schiff einem gründlichen »Check« unterzogen. Ihre Diagnose: Die 56 Meter hohen Stahlmasten und die Rahen müssen sandgestrahlt und neu gepönt, also mit Farbe versehen werden. Die Rahen waren besonders gefährdet. Weil sie an den Enden mit Holzpflöcken zugestopft waren, gab es im *Rost frißt an den Masten* Innern ihrer Hohlräume keine Belüftung. Das förderte die Rostbildung. Es wurde höchste Zeit, etwas dagegen zu tun.

Außerdem war das gesamte Tauwerk so »rott«, wie man das an der Küste nennt, daß es komplett erneuert werden mußte. Hier spielte unter anderem die Tatsache eine Rolle, daß die Sonne das Schiff immer von der gleichen Seite beschien – im normalen Fahrdienst tritt eine so einseitige Belastung des Materials durch Sonnenenergie und Temperaturwechsel nicht auf, die Verwitterung und Ermüdung der Werkstoffe verläuft dadurch langsamer. Die Takelage war an einigen Stellen brüchig; man konnte die Masten nicht mehr gefahrlos besteigen. Die Spezialisten der nahe liegenden Schlichtingwerft hatten schon maßgenommen, aber Aufträge waren noch nicht in Sicht. Von dem vorhandenen Geld – vergleichsweise kleine Summen – mußten zunächst andere Arbeiten bestritten werden, in erster Linie Restaurierungsarbeiten an den Innenräumen.

Aber auch die Schiffsplanken sollten abgezogen werden, und die Schiffbauer hatten beschlossen, die Ballast-Sandsäcke aus dem Rumpf herauszunehmen, um die Bilge auszubetonieren. Die Bilge ist die tiefste Stelle im Schiffsrumpf über dem Kiel und unter den Bodenbrettern. In diesem Raum sammelt sich das Schmutz-, Leck- und (bei einem fahrenden Schiff) Spritzwasser, das den Schiffsrumpf von innen her angreift. Durch das Ausbetonieren hat man diese Gefahr bei der »Passat« dauerhaft verhindern können.

Es ging um Summen, die alle vorhandenen Etats überforderten. Allein für die Überholung des Großmastes und seines stehenden Gutes wurde rund eine halbe Million veranschlagt. Bis zum Herbst 1980 hatte sich der Verein »Rettet die Passat« einen detaillierten Überblick über den Zustand des Schiffs verschafft. In dem Bericht hieß es unter anderem:

»Alle Verstagungen weisen – teilweise erhebliche – äußerliche Korrosionsschäden auf. Die Bekleidung und Kneifbändsel sind witterungsbedingt verfault. Die unteren Sprederlatten aus Holz sind vielfach angerissen und ebenfalls teilweise angefault. Die Webeleinen sind, sofern sie nicht in den letzten 2 Jahren erneuert worden sind, teilweise so stark von der Witterung angegriffen, daß es ein erhebliches Risiko darstellt, auf diesen den Mast zu ersteigen.

Die Stahldrahtseile der Brassen und Dumper weisen starke äußerliche Korrosionsschäden auf. Außerdem ist äußerlich eine Vielzahl von Drahtbrüchen zu erkennen, der sogenannte Fleischhaken, der auf eine erhebliche Bruchlastminderung der Seile hinweist. Hierzu ist zu bemerken, daß die Aufgabe der Dumper darin besteht, die Rahen in ihrer horizontalen Lage zu fixieren. Brechen die Dumper, so kann unter Umständen eine Rah, Gewicht ca. 5 t, aus der entsprechenden Höhe auf das Deck fallen.

Fuß- und Springpferde bestehen aus Stahldrahtseil, das mit Tauwerk umwickelt ist. Dies soll eine Rutschgefahr bei Nässe mindern. Aus diesem Grund ist es schwer zu erkennen, ob der Stahldraht unter dem Tauwerk Korrosionsschäden aufweist. Da die Bekleidung jedoch von der Witterung stark angegriffen ist, kann man annehmen, daß die Stahldrahtseile darunter auszuwechseln sind. Der größte Teil jedoch stellt heute ein nicht zu kalkulierendes Sicherheitsrisiko dar. Das gesamte Tauwerk ist vom Salzwasser und von Sonnenbestrahlung so

Der »Passat«-Chor hat mit seinen Shanties viel zur Erhaltung des Schiffes beigetragen

Junges Leben auf einem alten Schiff: Die »Passat« dient heute dem Deutsch-Französischen Jugendwerk als stilvolle Herberge

Die Rahen – ein Sicherheitsrisiko

weit angegriffen, daß eine Mindestbruchlast nicht mehr garantiert werden kann.

Da der Zustand der Takelage sehr unterschiedlich ist, wird empfohlen, das Auswechseln bzw. Ausbessern von Fall zu Fall zu entscheiden. Dies gilt insbesondere für die Spannschrauben der Stagen. Diese sind über Jahre hinaus immer wieder gestrichen worden, so daß eine einwandfreie Materialprüfung dort nicht durchzuführen ist. Es ist bekannt, daß bei der erstmaligen Überholung der Takelage Ende der fünfziger Jahre in die Spannschloßhülsen Bleimennige gegossen wurde. Inwieweit dieses eine Korrosion von innen heraus verhindert hat, ist nicht zu erkennen.«

Verjüngungskur für die Takelage

Diejenigen, die die Verantwortung für den betagten Windjammer übernommen hatten, spitzten die Rechenstifte und zogen Bilanz. Wie sie die Sache auch drehten und wendeten: Das Geld wurde nicht mehr, und die Schäden an der »Passat« wurden von Monat zu Monat bedrohlicher.

Unterwasser-Kosmetik für die »Passat«

Anfang 1975 fuhr den Besuchern Travemündes der Schreck in die Glieder. Das Schiff hatte Schlagseite, und manch einer mag geglaubt haben, es werde nun bald das Schicksal vieler anderer Großsegler teilen und im wahrsten Sinne des Wortes zugrunde gehen. Tatsächlich war die Schlagseite gewollt. Um die verrostete Wasserlinie des Stahlrumpfes abkratzen und streichen zu können, mußte die »Passat« um 9,5 Grad geneigt werden. Dazu wurde der 400 Tonnen fassende Wassertank auf der Backbordseite leergepumpt. Das war ein ziemlich umständliches Verfahren, und die »Schiffspfleger« konnten sich ausrechnen, daß sie die aufwendige Prozedur in absehbarer Zeit wiederholen mußten.

Schlagseite im Hafen

Die »Passat«, so ist in einem Bericht des Senats vom März 1976 zu lesen, bedürfe für die Sicherung der Schiffsaußenhaut dringend eines kathodischen Korrosionsschutzes. Andererseits bestehe die Gefahr, daß der unter Wasser befindliche Schiffsboden von innen nach außen durchroste.

Eine kostspielige Dockung hielten die Gutachter für nicht erforderlich. Aber sie empfahlen mindestens alle fünf Jahre eine Untersuchung des Schiffsrumpfes durch Taucher und parallel dazu eine Überprüfung der Plattenstärken durch Ultraschall.

Kathodenschutz für den Rumpf

Bald darauf bekam das Unterwasserschiff der »Passat« einen Kathodenschutz. Das ist ein raffiniertes Schwachstrom-System, bei dem sogenannte Opferanoden aus Zink oder Magnesium am Stahlrumpf in der Nähe von Bronzeteilen – etwa des Propellers – angebracht werden. Dadurch wird die elektrolytische Zersetzung den Metallen überlassen, die in der Galvanischen Reihe als die unedleren zuerst angegriffen werden.

Der Kampf gegen Seepocken, Muscheln und Rost

Damit war dem Rostfraß unter der Wasserlinie der »Passat« vorgebeugt, und es ist auch sichergestellt, daß Meeresgetier wie Seepocken und Muscheln sich nicht mit zunehmender Intensität am Schiffsboden festsetzen.

Oberhalb der Wasserlinie sorgt ein leicht zu wiederholender Anstrich für die Konservierung des Rumpfes. Aber es gibt bei festliegenden Schiffen wie auch bei Spundwänden einen Problembereich, bei dem besondere Sorgfalt geboten ist: die Wasserwechselzone. Der ständige Seeschlag setzt diesen Bereich zu beiden Seiten der Wasserlinie einem wechselweisen Angriff von Seewasser und Sauerstoff aus. Hier »altert« das Schiff besonders schnell, und so waren die »Passat«-Verantwortlichen froh, daß endlich, an einem regnerischen Novembertag 1981, ein Team von versierten Tauchern, Malern und Wissenschaftlern anrückte, um zu beweisen, daß Rostschutz- und Malerarbeiten beim Stand der heutigen Technik auch unter Wasser möglich sind. Unterstützt von dem Geesthachter Forschungszentrum (GKSS) und den BASF-Farbwerken machten sich die Handwerker und Taucher an die Arbeit. Mit Kompressoren und Sandstrahlgeräten bliesen

Mit dem Sandstrahl unter die Wasserlinie

sie den Stahlrumpf der »Passat« jeweils einen halben Meter über und unter der Wasserlinie metallisch blank und überzogen die Fläche unmittelbar daran anschließend mit einer Unterwasser-Rostschutzfarbe. Es war eine körperlich anstrengende Arbeit, bei der sich zwei Taucher auf dem Arbeitsfloß ständig abwechselten.

Die »Passat« wurde so auf ihre alten Tage noch zum Versuchskaninchen. Zwar hatte das Forschungszentrum die Farben in ungezählten Versuchsreihen seit vier Jahren getestet und auch schon die 400 Meter lange Spundwand eines nahe gelegenen Kraftwerkes behandelt, aber die praktische Bewährungsprobe bei einem Schiff stand noch bevor.

Bei den Farben handelte es sich um Kunstharzfarben, die durch chemische Reaktion im Wasser voll abtrocknen. Die Fachleute sprechen von »Zweikomponenten-Epoxydharzen«. Theoretisch läßt sich mit diesen Farben in Verbindung mit dem erwähnten Druckluftverfahren bis zu einer Tiefe von 50 Metern arbeiten. Wichtig ist – und darauf hat das »Passat«-Team sorgfältig geachtet –, daß sofort nach dem Sandstrahlen unter Wasser der Schutzanstrich aufgetragen wird und daß nicht ein Ölfilm zwischen Stahl und Farbe gerät. In diesem Fall wäre die Unterwasser-Arbeit umsonst.

Farbe, die im Wasser trocknet

Daß die »Passat« ihre Anti-Rost-Kosmetik in einer ungemütlichen Novemberwoche bekam, tat der Sache keinen Abbruch. Zwar waren das für die Taucher nicht die günstigsten Bedingungen, aber der Farbe schadeten die neun Grad Trave-Temperatur nicht. Die Anstriche sind für den Nordatlantik entwickelt worden, unter anderem auch für Bohrinseln und anderes Off-shore-Gerät, und da herrschen in den Wintermonaten weitaus niedrigere Temperaturen.

So ist anzunehmen, daß die »Passat« den Test im Laufe der nächsten Jahre gut übersteht und daß auch extremer Eisgang ihr nichts anhaben kann. Für den Weg des maritimen Denkmals in das Jahr 2000 ist das eine wichtige Voraussetzung.

Millionen für einen Filmtod

Ein Windjammer wie die »Passat« ist zweifellos ein phantasieanregendes Schiff. Ohne diese Phantasie – gepaart mit einer gehörigen Portion hanseatischer Gelassenheit und Nüchternheit – hätte das Werk der Erhaltung nicht so weit gedeihen können.

Bei einigen Zeitgenossen schlägt die Phantasie allerdings merkwürdige Purzelbäume, wenn sie sich überlegen, wie man die »Passat« der Nachwelt erhalten sollte. Sie schrecken nicht einmal davor zurück, die Viermastbark in ihre Bestandteile zu zerlegen und die so gewonnene Vielfalt maritimer Erinnerungsstücke möglichst weit zu streuen . . .

Die Irrtümer der Übereifrigen

Einer der bemerkenswertesten Vorschläge stammt von einem promovierten Ingenieur, der dem Vorstand einer Bremer Werft angehörte, der aber als Fachmann recht eigenwillige Vorstellungen von Großseglern und ihren musealen Verwendungsmöglichkeiten entwickelte. Schon seine Behauptung, die Lebensdauer eines Großseglers – ganz gleich, ob aus Holz oder aus Stahl gebaut – sei auf 20 bis 30 Jahre begrenzt, war durch den Zustand der »Passat« nach über 45jähriger Dienstzeit widerlegt.

Was er darüber hinaus zu sagen hatte, ließ den vielen Freunden der wenigen noch erhaltenen Windjammer den Schreck in die Glieder

Rettet die »Passat« –
Zerschneidet
die »Passat«

fahren. »Mein Vorschlag ist,« schrieb er im November 1980, »derartige Schiffe nicht mehr als Ganzes und auch nicht mehr im schwimmenden Zustand, sondern interessante Teile davon dauerhaft konserviert an geeigneter Stelle, das heißt zum Teil in einem Museum, zum Teil aber auch im Freien, der Nachwelt zu erhalten: beispielsweise Fockmast, Bugspriet und Vordeck, mit allem was dazugehört, an geeigneter Stelle an Land, jedoch ohne laufendes Gut; eine Rah mit angeschlagenem Segel in einer Museumshalle; Einzelteile der Inneneinrichtung, das heißt ganze Kammern und Logisbereiche, ebenfalls in einem Museum, so wie dies beispielsweise in dem Segelschiffmuseum in Mariehamn der Fall ist.«

Für den Verein »Rettet die Passat« sind solche Vorschläge außerhalb jeder Diskussion. Es ist ja gerade der ausdrückliche Zweck dieses Vereins, die Viermastbark in ihrem jetzigen Zustand und an ihrem jetzigen Platz als Ganzes zu erhalten. Neben solchen immerhin noch realistischen Vorschlägen werden immer wieder Ideen entwickelt, die sicher rührend gutgemeint sind, die aber allenfalls einen Ehrenplatz im Raritätenkabinett beanspruchen können. Der Vorschlag, die »Passat« in einem alten Trockendock aufzupallen, mag ja noch angehen, auch wenn das ein teurer Spaß wäre und damit vor allem der Blick auf das Schiff verbaut wäre.

Ein Rumpf
aus Beton?

Aber bei dieser Idee – ausgebrütet ebenfalls 1980 – verschlägt es einem schon die Sprache: Der Schreiber möchte »am jetzigen Liegeplatz den Gesamtraum der ›Passat‹ vom Kiel bis Unterkante Luken mit Beton auffüllen«. Die daran geknüpfte Spekulation des ingeniösen Geistes: »Die Rumpfform unter Wasser bliebe erhalten, auch wenn die Außenhautplatten vergammeln, und die Masten stünden fest in dem Beton. Der Rumpf käme sicher auf dem Grund zu liegen . . .«

Und noch ein faszinierender Vorschlag: »Da das Schiff so nicht auf Land geholt werden kann . . . könnte die Takelage eingeholt, das gesamte Oberdeck von Bug bis Heck zirka einen Meter unterhalb des

Oberdecks in Sektionen abgebrannt werden, um diese dann auf einem Betonsockel an Land wieder zusammenzuschweißen.«
Der Schreiber nimmt die bedauerliche Schwäche seiner Rettungsidee mutig und bedingungslos in Kauf: »Die Rumpfform wäre leider verloren, aber sonst wäre viel gerettet.«

Eines wäre mit Sicherheit nicht gerettet: die Ästhetik eines der schönsten Schiffstypen, die eine vieltausendjährige Entwicklung hervorgebracht hat. Da wäre es vielleicht dann doch noch sinnvoller und in seiner Einstellung zu einem erhaltenswerten Schiff nicht einmal abwegig, was eine auf ungewöhnliche Wohnformen spezialisierte kanadische Hotelkette an die Hansestadt Lübeck herantrug. Sie wollte die »Passat« für einen noch festzulegenden Zeitraum mieten und nach Kanada bringen. Dort sollte das Schiff umgestaltet und restauriert werden, um anschließend für mehrere Jahre sein Geld als Hotelschiff zu verdienen. Nach Ablauf des Vertrages wollte das Unternehmen die »Passat« dann im einwandfrei renovierten Zustand an Lübeck zurückgeben. Hinsichtlich des Mietpreises dachten die Hotelmanager in Größenordnungen, die manch einen haushaltsgeplagten Politiker auf »unpatriotische Gedanken« gebracht haben könnten. Die Kanadier lockten mit 100 000 Dollar im Jahr!

Hotelschiff für die Society?

Auf den ersten Blick schien dies eine gute Lösung zu sein, um den Etat der Hansestadt zu entlasten. Aber das Geschäft war den Lübeckern dann doch nicht geheuer. Einmal wäre ihnen die Kontrolle über ihr Schiff für lange Zeit entglitten, zum anderen hätte die funktionsgerechte Umgestaltung die ursprüngliche Raumaufteilung und Ausstattung der »Passat« grundlegend verändert, und im übrigen wollte die Hansestadt unter keinen Umständen für längere Zeit auf ihre Fremdenverkehrsattraktion verzichten. Ganz abgesehen von der Verärgerung all derer, die für die Erhaltung der »Passat« gespendet haben und bei einer so weitgehend kommerziellen Nutzung des Schiffes sicher gute Gründe gehabt hätten, ihr Geld zurückzufordern.

Ein gutes Angebot auf höchster diplomatischer Ebene erreichte Lübecks Bürgermeister über den Botschafter in Ottawa: Das Canadian Institute of Master Mariners, eine traditionsreiche Kapitänsvereinigung, wollte die »Passat« gern im Victoriahafen von Montreal vor Anker gehen lassen. Die Herren meinten, das Schiff könne ein würdiges Hauptquartier für ihre wohlhabende und repräsentationsbewußte Vereinigung sein. Aber als der Lübecker Bürgermeister im Juli 1975 anläßlich eines Herrenessens auf der »Passat« dieses Angebot verkündete – sicher ohne es einer ernsthaften Erwägung für wert befunden zu haben –, gab es in der Herrenrunde nur ein gelangweiltes Lächeln. Jetzt, wo alle Welt begann, sich für Windjammer zu interessieren und sich auf die Suche nach geeigneten »Objekten« machte, gab es bei den Lübeckern keine Neigung, sich von ihrer »Passat« zu trennen.

Schöner Tod in Hollywood?

Das kurioseste und zugleich unverschämteste Angebot, das den Schiffseigentümern an der Trave auf den Tisch flatterte, kam ebenfalls aus Amerika, und zwar Mitte der siebziger Jahre. Eine Filmgesellschaft wünschte den Windjammer zu kaufen. Der Grund war einleuchtend: Die Filmleute wollten das Schicksal der »Pamir« auf die Leinwand bringen. Die »Passat« wäre wegen ihrer Ähnlichkeit mit dem Unglücksschiff ein hervorragend geeignetes Requisit. Die Sache hatte aus der Sicht der »Passat«-Freunde nur einen entscheidenden Haken: Das Schicksal der »Pamir« sollte lebensecht nachvollzogen werden, einschließlich des tragischen Untergangs. Den Film

Ein guter Preis für eine schlechte Idee

leuten wäre das ein paar Millionen Mark wert gewesen. Aber die Vorstellung, die inzwischen zum Wahrzeichen Travemündes avancierte Viermastbark auf den Grund des Meeres zu schicken, wäre nicht einmal für diejenigen diskutabel, die ihre Stadt lieber nicht mit den Instandhaltungskosten für die »Passat« belasten würden . . .

Alte Dame – neu aufgetakelt

Eine Million zweihunderttausend Mark haben die Experten als Kosten nur für die Grundinstandsetzung der Takelage ermittelt. Das war mehr, als die Lübecker Schiffseigentümer in ihren bösesten Vorahnungen gefürchtet hatten. Aber der Schock war schnell überwunden. Als sie ein knappes Jahr mit der Sammelbüchse geklappert hatten, war eine runde Viertelmillion zusammen. Das reichte zwar noch nicht für die Takelage des Großmastes – für sie hatten die Fachleute 350 000 Mark errechnet –, aber es war genug für den Fockmast. Ganz wohl war den Takelmeistern dabei allerdings nicht; denn es gab keine Pläne mehr, aus denen erkennbar gewesen wäre, wie die Originaltakelage ausgesehen hat. Retter in höchster Not war Kapitän Paul Müller, der als Erster Offizier auf der »Passat« gefahren war. Zusammen mit anderen ehemaligen Fahrensleuten von der »Passat« kletterte er bis in den Masttop. Das war ein riskantes Geschäft. Einige Webeleinen waren von der Witterung so sehr angegriffen, daß die Männer äußerst vorsichtig hochstiegen.

Müller überprüfte das Tauwerk und erarbeitete eine Expertise, nach der später der Angriff gegen den Zahn der Zeit eröffnet wurde. Die wichtigste Erkenntnis des Takelagen-Spähtrupps, dem es gelungen war, von einem Sammler aus der Karibik eine alte Kopie des verlorenen Takelplans zu beschaffen: Die eisernen Rahen, die tonnenschweren, 28 Meter langen Querstangen an den Masten, müssen fürs erste nicht erneuert werden. Bei der Montage waren sie von innen geteert worden, so daß ihnen der gefürchtete Rost auch heute noch nichts anhaben kann. Die Restaurierungs-Mannschaft entschied sich für die Reihenfolge: Klüverbaum, Fock-, Groß-, Kreuz- und Besanmast.

Die Vorbereitungsarbeiten waren Anfang November 1980 abgeschlossen. Bis zum Frühjahr des darauffolgenden Jahres sollten die Reparaturen am Fockmast beendet sein. Es kam zunächst darauf an, die schweren Drähte so schnell und trocken wie möglich herunterzuholen. Für das Entrosten und Konservieren konnte man sich dann, unabhängig vom Ostsee-Winter-Wetter, etwas Zeit lassen.

Die Lübecker Taklerei und Segelmacherei Schefferling – eine Firma mit über hundertjähriger Tradition – machte sich an einem ungemütlichen Novembertag an die Arbeit. Über 20 000 Meter stehendes und laufendes Gut waren entweder zu reparieren oder zu ersetzen und wettersicher zu machen. Ganz genau gemessen – und die in luftiger Höhe arbeitenden Takler durften ja keinen Meter auslassen – besteht die Takelage der »Passat« aus 16 350 Meter Stahlseil und 6400 Meter Hanf- und Manila-Tauwerk. Ein erfahrener Taklermeister und vier Spezialisten kletterten in einen eigens für diesen Zweck gekauften Arbeitskorb. Was sie in 4000 Arbeitsstunden zu tun hatten, läßt sich kaum vollständig in die Sprache der Landratten übersetzen. Nehmen wir zur Kenntnis, daß sie »selbst in den Rundungen um die Jungfern« keine Korrosionsschäden feststellen konnten, daß sie die Arbeit an den »Pardunen und Stagen am Fockmast« auf das darauffolgende Frühjahr verschoben, daß sie die »Hoftaue des Fockmastes und die dazugehördenden Spannschrauben« in einwandfreiem Zustand vorfanden, ebenso die »Marswanten«. Erneuerungsbedürftig waren allerdings alle »Fuß-, Spring- und Nockpferde«, denn unter ihren Bekleidungen waren Korrosionsschäden entdeckt worden . . .

Die Takelage ist eine Wissenschaft für sich. Wer das Handwerk nicht

Der Priwall an der Travemündung wurde zum letzten Ankerplatz eines der letzten großen Windjammer

4000 Stunden im Arbeitskorb

von der Pike auf erlernt hat oder wer als Schiffsjunge auf einem Großsegler nicht selbst in die Wanten geklettert ist, wird das Geheimnis nie ergründen. Aber selbst für die Männer an Bord der »Passat« war die Arbeit an diesem Kunstwerk von Takelage ein Schritt ins Neuland, voll von Überraschungen, oft nur durch Mut zur Improvisation zu bewältigen. Routine allein war nicht gefragt; Phantasie verlangte die »eiserne Lady« von ihnen . . .

Warum nicht, so fragte ein kühler Rechner, die für einen gewaltigen Winddruck ausgelegten Stahldrähte und Seile durch anderes, dünneres Material ersetzen? Wetterfester und widerstandsfähiger Kunststoff für ein Denkmal, dessen Takelage jetzt funktionslos ist und allenfalls optischen Bedürfnissen gerecht zu werden hat? Nicht nur bei den Fachleuten hagelte es Proteste. Immerhin steht die »Passat« unter Denkmalschutz, und der, so das überzeugendste Argument, verbiete »faule Kompromisse« der vorgeschlagenen Art.

Das Team um den Taklermeister Hinrichsen begann zunächst, die Spannschrauben des Fockmastes zu lösen. Das war nicht immer leicht. Oft gelang das nur mit einem schweren Vorschlaghammer und Brenngeräten. Trotzdem stellte sich heraus, daß die alten Wantenspanner alle wieder verwendet werden konnten, nur einige benötigten einen neuen Bolzen.

»Die größte Arbeit«, erinnert sich der Taklermeister, »machten zwei um den Mast gespleißte Fockwanten. Die mußten wir über Deck vom Arbeitskorb aus konservieren. Im übrigen aber wurden die Wanten abgetakelt und in den Unterraum der Luke 1 gebracht. Der Laderaum der »Passat« war für die Wintermonate als Werkstatt umgerüstet worden. Hier konnten die Männer trocken und windgeschützt an ihre Hauptaufgabe gehen. Als sie die Bekleidungen entfernt hatten, machten sie eine erfreuliche Entdeckung: Acht Stahlseile in den Wanten – jedes 44 Millimeter stark und zum Teil wohl noch die Erstausstattung aus dem Geburtsjahr der »Passat« – waren so gut erhalten, daß man ihnen ohne weiteres das Attribut »seetüchtig« geben konnte. Lediglich ihre Bekleidung war völlig verwittert.

Das härteste und schmutzigste Stück Arbeit war das Reinigen der Drähte: Mit Stahlbürsten wurden sie von Rost und verhärtetem Seilfett befreit und anschließend neu konserviert. Vielleicht würden moderne Technologien andere Methoden der Konservierung ermöglichen, aber auch in diesem Fall kam die alte Handwerkstradition zu neuen Ehren: Die Seile wurden »gelabsalbt«. Darunter verstehen die Seeleute eine Behandlung der Seile mit einer Mischung aus Talg,

Nagelbank mit senkrechten Pflöcken (Belegnägel) zum Festmachen von Tauen

Blöcke, über die Taue zum Brassen (Querstellen) der Rahen laufen

Brasswinsch, eine auf der »Passat« zum ersten Mal eingesetzte Winde, mit der jeweils die Segel von 2 Masten gleichzeitig in den Wind gestellt werden konnten. Die Passat hatte 3 dieser Winschen an Bord (daneben noch 6 andere)

Stagklampen zum Halten der Masten in Längsrichtung

Labsalben, Trensen, Smarten, Kienteer wie in alten Zeiten

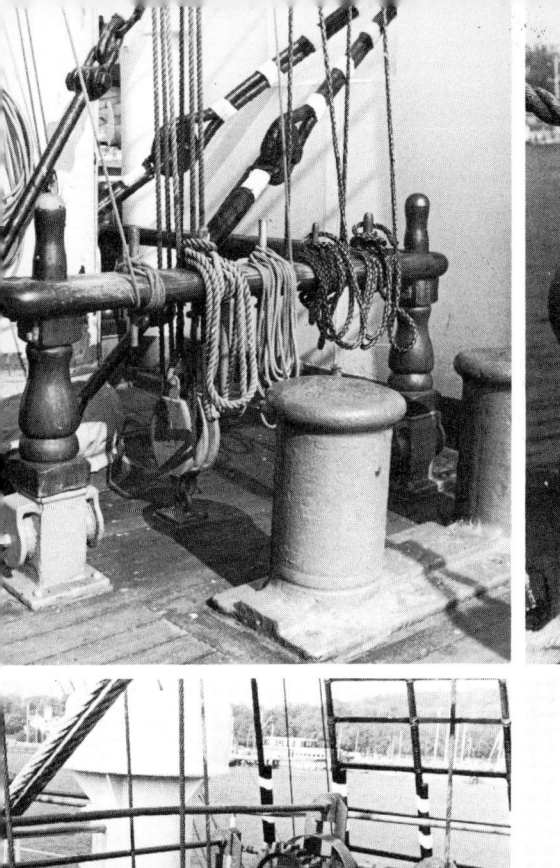

Tran, Bleiweiß und einem Schuß Hartöl. Das Wort leitet sich von »lappsalben« ab und wird in dieser Schreibweise verständlich: Bestimmte Teile der Takelage werden »mit dem Lappen gesalbt«.

Ist dies sorgfältig geschehen, muß der geschmierte Draht »getrenst« werden: Die Rillen zwischen den Kardeelen – das sind die aus Garn und Fasern gedrehten Teile der Trossen, die wiederum korkenzieherähnlich ineinander verdreht werden – müssen mit Schiemannsgarn (benannt nach dem »Maat« oder Gehilfen eines Bootsmanns) ausgelegt werden.

Der letzte Arbeitsgang ist dann das Smarten der Wanten, das Umwickeln mit Segeltuchstreifen und anschließendem Durchtränken mit Kienteer. Schließlich wird der auf diese Weise wetterfest verpackte Draht Millimeter für Millimeter mit Schiemannsgarn bekleidet.

Wo die Wanten den Mast umrunden, ließ der Taklermeister ein zweites Mal gründlich teeren und bekleiden. Dann wurden als zusätzlicher Schutz Lederstreifen aufgenäht und diese auch noch einmal mit Kienteer getränkt.

Anfang 1981, zum 70. Geburtstag der »Passat«, waren die Arbeiten abgeschlossen . . . Ein Geburtstagsgeschenk für das Schiff und seine Freunde, eine »Verjüngungskur«, die das Denkmal in das 21. Jahrhundert hinüberretten wird. *Neues Make-up zum 70. Geburtstag*

Eine Mastspitze für die Ewigkeit

Als die Lübecker Takelarbeiter in den Fockmast geklettert waren, der auf den ersten Blick einen »gesunden« Eindruck machte, erlebten sie eine böse Überraschung. Die verrottete Bekleidung mußte wie ein Schwamm gewirkt haben, der sich jahrelang rund um den Mast ständig mit Regenwasser vollgesogen hatte. Über den zweiten Saling, wo das letzte Maststück, die Stenge, angesetzt ist, hatte sich ein fünfzig Zentimeter breiter Rostgürtel um den Eisenmast gelegt. Als einer der Arbeiter ein bißchen daran klopfte, hämmerte er trotz aller Vorsicht gleich ein Loch hinein, und die Fachleute machten bedenkliche Gesichter.

Die Schäden mußten mit modernsten technischen Geräten ermittelt werden, der bloße Augenschein reichte nicht aus. Aber selbst wenn

112

man wüßte, wie viele Löcher der Rost in den Mast hineingefressen oder wie brüchig er die Eisenrohre gemacht hatte, blieb doch die Frage, wie man den Schäden zu Leibe gehen wollte. Vor 70 Jahren hatten die Werftarbeiter bei Blohm + Voss die Masten noch nicht als Schiffbaustahl geschweißt, sondern aus Eisen genietet. Wer beherrscht diese Technik heute noch, wer wäre vor allem in der Lage, solche Arbeiten in 35 Metern Höhe auszuführen?

Mit Ultraschall in den Mast

An einem ungemütlichen Novembertag mit Schneegestöber kletterte der Reparaturleiter der Schlichting-Werft in die Bramsaling. Sein batteriebetriebenes Gerät zur Ultraschallmessung ist relativ leicht und handlich. Zusammen mit seinen Helfern »horchte« er den gesamten Mast stichprobenartig ab. Das Ergebnis war dann doch besser, als die ersten Befürchtungen vermuten ließen. Die Wandstärken an der Fockmast-Basis waren mit 16 bis 18 Millimetern solide, und am oberen Ende wurden immerhin noch zwölf Millimeter gemessen.

Auch innen machte der Mast einen guten Eindruck. Beim Ausspiegeln stellte die Reparatur-Mannschaft fest, daß das genietete Rohr zusätzlich mit drei Winkeleisen verstärkt ist. Welchen Trick die Schiffbauer vor zwei Generationen anwandten, um diese Winkeleisen von innen zu vernieten, gab den Experten unserer Zeit Rätsel auf.

Kopfzerbrechen bereitete ihnen auch die Frage, wie man den alten eisernen Top, der früher einmal die Flagge des jeweiligen Gastlandes zu tragen hatte, herunterholen und den neuen aufsetzen sollte.

Der Bundesgrenz-schutz muß »passen«

Lübecks Bürgermeister bat den Bundesgrenzschutz um Hubschrauberhilfe. Mit einem Mann im Arbeitskorb, so meinte der Bürgermeister, könnte der Helikopter doch eine Zeitlang über dem Fockmast stehen können. Die Männer vom BGS dachten nach und sagten »nein«. Bei den Schweißarbeiten an der rostigen Spitze, so befürchteten sie, könnten sich die Abgase ihres Hubschraubers entzünden, und dieses Risiko mochten sie nicht eingehen . . .

Anfrage beim Hamburger Hafen: Könnte nicht der große Schwimmkran »Magnus« helfen? Antwort aus dem Elbehafen: Er könnte schon. Aber er ist ein paar Meter zu kurz. Zwei Tage würde es mindestens dauern, um einen zusätzlichen Ausleger zu montieren. Und so etwas kostet viel Geld . . .

Auch ein Stahlrohrgerüst ausreichender Stärke ist einschließlich Miete, Anfahrt und Montage nicht unter 20 000 Mark zu haben . . . zu teuer für den »Passat«-Etat. Als Retter in der Not empfahl sich die Firma Wiking Helikopter Service, deren Hubschrauber sonst Seelotsen an Bord der Schiffe hieven und die an der Versorgung von Bohrinseln beteiligt sind. Weil der 70. Geburtstag der »Passat« bevorstand, machten die »Wikinger« der alten Dame ihren Einsatz zum Geschenk.

Der Pilot steuerte den Großsegler über den Bug an. Zwei Helfer auf dem Mast lösten die bis auf drei schmale Bruchstellen bereits gelockkerte Mastspitze, dann wurde der Schleppdraht eingeklinkt, und zwei Minuten später ratterte der Hubschrauber mit der rostigen Mastspitze zur nahegelegenen Schlichting-Werft. Dort wurde die zweieinhalb Meter lange Spitze aus einer Walzplatte maßgerecht nachgeschneidert. Dann flog der Wiking-Helikopter sein zweites »Spitzen-Manöver«. Zunächst mußte der geplante Einsatz verschoben werden, weil dichter Nebel über der Travemündung die herbstliche Szenerie bis auf Sichtweiten von wenigen Metern zudeckte. Dann mußte das Manöver ein zweites Mal verschoben werden, und zwar vom Vormittag auf den Nachmittag, weil ein starker Wind von Land her wehte, der den komplizierten Lastflug als zu riskant erscheinen ließ. Ein paar Stunden später konnte der Start endlich freigegeben werden.

Maßgerechte Kopie einer Fockmastspitze

Diesmal wurden beide Türen des Hubschraubers ausgehängt. Zwei Helfer lehnten sich aus den offenen Luken hinaus und winkten ihren Piloten so ein, daß der unten an einer Stahltrosse hängende Masttop genau über dem Fockmast zu stehen kam. Auf der oberen Plattform eines hochgezogenen Gerüsts standen zwei Werftschlosser, die an diesem Tag nicht nur gegen eisig kalten Regen kämpften, der ihre Plattform und die Haltetaue gefährlich rutschig machte, sondern auch noch gegen den starken Druck, den die dicht über ihnen wirbelnden Rotorblätter verursachten. Zentimeter um Zentimeter senkte der Hubschrauber seine Last ab. Die Männer auf der Plattform lenkten die Mastspitze zwischen provisorisch aufgeschweißte Führungsbleche. Das Manöver dauerte etwas länger als fünf Minuten, dann war die neue Mastspitze so weit gesichert, daß der Hubschrauber zurückbeordert und die weiteren Arbeiten in aller Ruhe in Angriff genommen werden konnten.

Der neue Masttop, an dem nie die Flagge eines fremden Landes flattern wird, ist aus dem besten Material gefertigt und zusätzlich in einem Zinkbad wetterfest gemacht worden. »Wir haben die Spitze für die Ewigkeit gebaut«, kommentierte der Reparaturleiter stolz, als sich der Fockmast wieder in voller Höhe in den Travemünder Himmel reckte. Aber die Ewigkeit ist eine lange Zeit. Die Verehrer der »Passat« werden sich auch über etwas weniger freuen!

114

*Neue Mastspitze für die
»Passat«: Präzisionsarbeit
für den Hubschrauber*

»Rettet die Passat«

Wie immer in kritischen Situationen, besannen sich die Lübecker auch im Hinblick auf den Geldbedarf für die Instandsetzungsarbeiten an der »Passat« auf eine bewährte hanseatische Tradition, durch die so manche aus den Fugen geratene Ordnung wieder ins Lot gebracht worden war: Sie gründeten eine Bürgerinitiative, den Verein »Rettet die Passat e. V.«, dessen einziger Zweck es ist, der betagten Dame über die Runden zu helfen. Der Verein zählt heute 450 Mitglieder, Einzelpersonen in erster Linie, aber auch eine ganze Reihe von Firmen und Organisationen.

Eine Bürgerinitiative soll helfen

Die Hälfte der eingetragenen Vereinsmitglieder – sie zahlen keinen festen Beitrag, sondern helfen der »Passat« mit einer jährlichen Spende – wohnen außerhalb Lübecks, einige »Exoten« leben in der Schweiz, in den Vereinigten Staaten oder in Australien. Die meisten allerdings sind norddeutsche »Küstenmenschen«, die noch eine direkte oder indirekte persönliche Beziehung zu diesem oder einem anderen Windjammer haben. Als der Verein gegründet wurde, meldete sich ein gutes Dutzend Mitarbeiter der Bauwerft Blohm + Voss, um mit ihrem finanziellen Beitrag zu erhalten, was ihre Kollegen vor zwei Generationen geschaffen haben. Manche unterstützen den Verein mit geradezu rührender Anhänglichkeit.

»Passat«-Freunde in aller Welt

Zu den treuen Spendern, die sich die Hilfe für die »Passat« vom Mund absparen, gehört eine Hamburger Rentnerin. Sie ist 85 Jahre alt und verlor ihren Enkel beim Untergang der »Pamir«. Ihre monatlichen Überweisungen sind unterschiedlich hoch, und sie hat bei sehr kleinen Beträgen jedesmal das Bedürfnis, die Sparmaßnahme in einem Begleitbrief zu erklären. Da liest man dann: »Diesmal ist es nicht so viel wegen der Heizkostenabrechnung . . .«

» . . . es ist wegen der Heizkosten-abrechnung«

Die noch junge Vereinschronik ist voll von Beispielen dieser Art. Viele Spender entscheiden sich nach einem Besuch Travemündes oder einem Spendenaufruf des Vereins spontan, ihren Beitrag zur Erhaltung des Schiffes zu leisten.

Ein paar typische, aber keineswegs repräsentative Beispiele: Ein zehnjähriger Junge, der »mal Kapitän« werden möchte, stiftet sein Monatstaschengeld und malt ein Bild von der »Passat«, das er dem Verein schenkt . . .

Eine Verehrer der Viermastbark kopiert – mit Einwilligung des Künstlers – das »Passat«-Bild des amerikanischen Marinemalers Tho-

*».. . zum zweiten
. . . zum dritten!«
Bei der »Handels-
bank« wird
Kunst für die
»Passat« versteigert*

*Manege frei
für die »Passat«*

mas Wells und verkauft seine »Werke« zugunsten des Vereins . . .
Ein Angelsportverein namens »Trave« spendet einen halben Tausen-
der; ein Kegelklub mit dem anregenden Namen »Rotspon« bringt es
auf 100 Mark. Ein Zirkusunternehmen veranstaltet zusammen mit
den »Lübecker Nachrichten« eine Gala zugunsten der Viermastbark.
Die Düsseldorfer Bootsausstellung, auf der der nachgebaute Salon
ausgestellt wird, übernimmt eine Patenschaft für die »Passat« und
überweist schon im ersten Jahr eine vierstellige Summe . . .
Die Handelsbank in Lübeck läßt erfolgreich »Passat«- und andere
Schiffsbilder versteigern, die Künstler zugunsten des schwimmenden
Museums zur Verfügung gestellt haben. Bei anderen Banken und
Versicherungen veranstalten Mitarbeiter Sammlungen, ebenso bei
Sportvereinen, Verkehrsbetrieben, in Bundeswehr-Kasernen und bei
der freiwilligen Feuerwehr.

*Kleine Spenden –
große Hilfe*

Ein neunjähriges Mädchen sammelt einen ganzen Winter lang Pfen-
nige und liefert sie selbst beim Verein »Rettet die Passat« ab.
Lübecks Karneval-Jecken steigen zugunsten der »Passat« in die Bütt.
Ein Restaurant setzt einen »Schlemmerbecher Passat« auf die Des-

sert-Karte und kassiert mit dem Preis eine Spende. Ein Möbelhaus und eine Galerie versteigern zugunsten des Windjammers ein von dem Pop-Künstler Andy Warhol signiertes Chintz-Sofa.

Bundeskanzler Helmut Schmidt stiftet eine Mütze, aus der ein versierter Briefmarken-Auktionator 3500 Mark »herausschlägt«.

Kanzlermütze
für 3500 Mark

Zu den eifrigsten Spendern, die ihren Beitrag regelmäßig und meistens in vierstelligen Summen leisten, gehört die Pamir-Passat-Vereinigung in Hamburg, der noch viele gestandene Seeleute angehören, die auf den beiden Schiffen gefahren sind, und die wesentlich dazu beitrug, das die »Passat« unter Denkmalschutz gestellt wurde.

Der »Passat«-Chor, der 1977 seine erste Langspielplatte mit Shanties herausgebracht und schon beim ersten Anlauf für 5500 Mark Platten abgesetzt hatte, produzierte bis Mitte 1980 drei weitere Platten mit gutem Erfolg.

Die in Travemünde ansässigen Nachkommen des Werftgründers Hermann Blohm beteiligen sich regelmäßig an Spendenaktionen zugunsten des Schiffes, das auf dem Helgen ihres berühmten Vorfahren gebaut wurde.

Eine Lübecker Brauerei druckt Bierdeckel, die zwischen Fehmarn und Glückstadt, Lübeck und Husum millionenfach für den Verein »Rettet die Passat« wirbt. 250 000 solcher Bierdeckel werden in jedem Monat ausgeliefert und »verbraucht« . . .

Am besten lassen sich maritime Andenken absetzen, die einen direkten Bezug zur »Passat« und zur großen Zeit der Windjammer haben: Signalflaggen mit waschechtem »Passat«-Wäschestempel wechseln ihren Besitzer zu Liebhaberpreisen. Kunstvoll geknotete Glockenbändsel, Tauwerk-Kerzenhalter, geknotete Schlüsselanhänger, »Passat«-Krawatten und -Kopftücher, Kapuzenpullover, Poster, Postkarten, Bücher und Aufkleber werden zu Zehntausenden abgesetzt, und bei jedem Kauf fällt ein kleiner Betrag für die Rettung der »Passat« ab. Ein bißchen mehr ist für den Windjammer »drin«, wenn rotweiße Rettungsringe mit dem Aufdruck »Passat« verkauft werden – das Stück für 100 Mark.

Allerlei Maritimes
für die gute Sache

Fast schon eine Tradition sind die Lübecker Altstadtfeste geworden, die in den letzten Jahren zunehmend zur Verbreitung des »Passat«-Gedankens beigetragen haben und beachtliche Summen für den Verein einbrachten. Bis zu 600 000 Gäste sind schon geschätzt worden – darunter viele Skandinavier, Franzosen, Italiener und sogar US-Amerikaner –, wenn die alljährliche Riesenfête zwischen Holstentor, Rathaus, Heiligen-Geist-Hospital und Burgtor »steigt«. Je

Volksfest
für ein Denkmal

origineller die Ideen, mit denen die »Passat«-Retter dabei sind, desto bereitwilliger und tiefer greifen auch diejenigen in die Tasche, die nur eine oberflächliche Beziehung zu dem Windjammer haben. Wer möchte sich schon ein typisches »Passat-Frühstück« entgehen lassen, auch wenn Pökelfleisch, grüner Speck und altbackenes Schwarzbrot sonst nicht seine Sache sind?

Erinnerungsstücke von bleibendem Wert gehören zu den ertragreichsten Einnahmequellen des Vereins. Als die Landesbausparkasse attraktive »Passat«-Medaillen anbot, waren innerhalb von zwei Tagen 1000 Medaillen aus Zinn und 400 aus Silber verkauft.

Nach dem Motto »Jede Mark hilft unserem Schiff ein kleines Stück weiter« hat der Verein »Rettet die Passat« sich auch nicht gescheut, mit Sammelbüchsen zur Kasse zu bitten. In Vereinslokalen und Gaststätten wurden Schiffslaternen als Spardosen aufgestellt, in denen nicht nur das »kleine Wechselgeld« verschwindet. Insgesamt hat der Verein seit seinem Bestehen rund 600 000 Mark an Spenden eingesammelt. Angefangen bei Pfennigstücken bis hin zum größten Einzelbetrag von 25 000 Mark, der durch den Verkauf der Medaillen hereinkam.

So viel Begeisterung für die Erhaltung eines Denkmals hatten selbst diejenigen nicht erwartet, die sich von Anfang an der »eisernen Lady« verschrieben und die fest an ihr Überleben geglaubt haben. Begeisterung steckt an. Als so viel zusammengekommen war, daß die »Passat«-Retter die Sanierung des Fockmastes in Angriff nehmen konnten, war die Lübecker Possehl-Stiftung zur Stelle. Ihr Vorsitzender erklärte: »Wir übernehmen den Großmast mit den zwangsläufig größten Kosten.« Und das war immerhin die stattliche Summe von auf den Pfennig genau 411 479,60 Mark!

»Big Spender« *für den Großmast*

Für ein paar Monate waren alle Sorgen zwar nicht vergessen, wohl aber ein bißchen kleiner geworden. Doch die »Passat« kann auch in Zukunft auf das Wohlwollen ihrer vielen tausend Freunde nicht verzichten. Sie braucht ihre Unterstützung, finanzielle wie ideelle.

Zum 75. Geburtstag der 1911 vom Stapel gelaufenen »Passat« hat der Bundespostminister in Aussicht gestellt, der alten Dame eine eigene Briefmarke zu widmen . . .

Dür Schep . . .

Viel ist nicht übriggeblieben von der einst so stolzen Flotte der Flying-P-Liner. Immerhin waren es einmal 65 Großsegler. Aber es mag für die »Passat« ein Trost sein, daß die Familie noch nicht ganz ausgestorben ist.

Ihre Zwillingsschwester, die ein paar Bruttoregistertonnen kleinere »Peking«, hat in New York festgemacht. Vor der Skyline von Manhatten fristet sie ein bescheidenes und nicht sehr umsorgtes Dasein als Museumsschiff. Die 1903 gebaute »Pommern« kann in dem finnischen Hafen Mariehamn besichtigt werden. Und das jüngste Familienmitglied, die 1926 fertiggestellte »Padua«, darf ihre Fähigkeiten sogar noch auf See unter Beweis stellen. Unter ihrem neuen Namen »Krusenstern« segelt sie als Schulschiff unter russischer Flagge. Seien wir nicht unbescheiden und freuen wir uns, daß die »Passat« uns wenigstens als bewunderungswürdiges Denkmal erhalten geblieben ist . . .

Einem Schiff, das zum Auslaufen bereit ist, gibt man als seemännischen Wunsch mit auf den Weg, es möge immer eine Handbreit Wasser unter dem Kiel haben. Für die »Passat« ist der Traum von großer Fahrt ausgeträumt. Sie braucht Stürme, Riffs und Sandbänke nicht mehr zu fürchten, und das Wasser der Trave wird ihr nicht unter dem Kiel davonlaufen. Aber die Ebbe in der Lübecker Haushaltskasse und die wirtschaftliche Flaute, die der Spendenfreude nicht gerade auf die Sprünge hilft, könnten die »Passat« einer Strandung gefährlich nahe bringen.

»Dür Schep liggt ok mal op'n Drögen«, mahnt eine Redensart aus Schleswig-Holstein – ein teures Schiff liegt auch mal auf dem Trockenen. Möge es der »Passat« erspart bleiben!

Kleines Lexikon für Landratten

Äquatortaufe. »Einweihungsakt«, der an allen Seeleuten und Passagieren vollzogen wird, die zum ersten Mal den Äquator passieren. Die Prozedur beginnt mit dem Verkleiden, Einseifen und Rasieren der Täuflinge. Schließlich – nach einer Ansprache Neptuns – folgt die eigentliche Taufe. Dabei werden meistens rohe Seemannsscherze getrieben. Zartbesaitete Passagiere können sich deshalb durch Zahlung eines Taufgroschens freikaufen.

Achtergäste. Alle Seeleute, die im Achterschiff logierten. Achtern war die »feine« Seite des Schiffes, auch der Salon. Er war der Repräsentationsraum, in dem der Kapitän logiert. Sich »achtern einschleichen« bedeutete, sich bei der Schiffsleitung beliebt zu machen.

Achterschiff. Hinterer, meist erhöht liegender Schiffsteil. Wohn- und Arbeitsbereich des Kapitäns und der Offiziere.

Back. Das Wort bezeichnet einerseits einen Decksaufbau auf dem Vorschiff, zum anderen einen umklappbaren Tisch oder eine Klappbank. Die Gemeinschaft der an einem Tisch Speisenden nennt man »Backschaft«. Mit dem Ausruf »Backen und Banken« wird das Signal zum Einnehmen der Mahlzeit gegeben. Es war ursprünglich der Befehl, Tische und Bänke herunterzuschlagen.

»Besanschot an!« Auf Segelschiffen auch heute noch gebräuchliches Kommando zum »Schnapsfassen«, das jeweils am Besanmast, bei der Kapitänskajüte erfolgte.

Bootsmann. Vorgesetzter einer Gruppe Matrosen, der selbst kein Offizier ist. Seine Stellung entspricht der eines Vorarbeiters.

Bugspriet. Über das Vorderteil des Schiffes hinausragender, waagerechter »Mast«, der bei großen Schiffen durch einen »Klüverbaum« verlängert wird. Unter dem Klüverbaum war meistens ein »Klüvernetz« gespannt, das der Besatzung als Schutz diente.

Entern. Ursprünglich bedeutete das Wort, ein feindliches Schiff gewaltsam in Besitz nehmen. Später wurde es in der Verbindung »auf- und niederentern« gebraucht. Man meinte damit das Auf- und Absteigen der Matrosen in der Takelage, um Segel zu setzen, zu reffen, festzumachen oder am laufenden und stehenden Gut zu arbeiten.

Etmal. Ein um 12 Uhr beginnender Zeitraum von 24 Stunden. Auch die in Seemeilen gemessene Fahrleistung eines Seglers innerhalb dieses Zeitraums nennt man Etmal.

Gieren. Dreh- oder Pendelbewegungen des Schiffes um die Hochachse. Das Wort bezeichnet das Abweichen vom gesteuerten Kurs. Wind und Seegang haben Einfluß darauf, ob ein Schiff giert. Ebenso die Bauart des Rumpfes. Die Lage des Segelschwerpunktes entscheidet darüber, ob ein Schiff luv- oder leegierig ist, das heißt, ob es die Tendenz hat, sich zum Wind oder vom Wind weg zu drehen. (vgl. Seite 125)

Glas. Seemännisches Zeitmaß einer halben Stunde. Die Bezeichnung ist von der gläsernen Sanduhr abgeleitet. Wenn der Sand durchgelaufen war, wurde die Schiffsglocke geschlagen. Der Seemann nennt das Schlagen der Glocke noch heute »glasen«. Die Zeitrechnung an Bord beginnt mittags um 12. Um halb eins ist ein Glas voll, es wird einmal geschlagen. Um ein Uhr gibt es einen Doppelschlag. Halb zwei wird durch einen Doppel- und einen Einzelschlag angezeigt. Bei vier Doppelschlägen (4 Uhr) endet der Turnus und beginnt von vorn. Wenn einmal geschlagen wird, kann es also halb eins, halb fünf oder halb neun sein.

Heuer. Lohn des Seemanns und Arbeitsverhältnis an Bord. Der »Heuervertrag« regelt Entlohnung, Arbeitszeit, Unterbringung, Verpflegung, Urlaub, medizinische Betreuung und andere Sozialleistungen. Das Wort ist abgeleitet vom niederländischen »huren«, was »mieten« bedeutet.

Janmaaten. Ursprünglich holländische Bezeichnung für Matrosen, zusammengesetzt aus dem Vornamen Jan und der Bezeichnung Maat für Bootsmann.

Jungfer. Dicke runde Hartholzscheibe, um deren Außenrand eine »Keep«, eine Rille, lief. Die »Jungfer« hatte meistens drei Löcher in ihrer Fläche, aber es gab auch Abweichungen. Die Holzscheibe erfüllte die Funktion einer Spannschraube zum »Steifsetzen« des Tauwerks in der Takellage. Durch jeweils zwei »Jungfern« wurde – ähnlich wie bei einem Flaschenzug – wechselnd von einem Loch zum anderen eine Leine (Taljereep) gezogen. Auf diese Weise wurden Wanten und Pardunen gespannt.

Kalfatern. Das Wort kommt aus dem Arabischen, von *Kafr* = Asphalt. Es bedeutet Abdichten von Nahtstellen, hauptsächlich das wasserdichte Verschließen der Holzfugen, sowohl an der Außenhaut des Schiffes als auch an den Aufbauten und auf freiliegenden Decks. Man benutzte dazu bei alten Windjammern meistens Taufasern, die mit Teer überstrichen wurden. Ohne diesen Schutz, der sehr sorgfältig ausgeführt und nach jeder Reise wiederholt werden mußte, »machte« das Schiff Wasser, das heißt: Es ließ Seewasser ins Innere dringen.

Kalme. Völlige Windstille, die hauptsächlich im Innern von Hochdruckgebieten auftritt. Die großräumigen Gebiete völliger Windstille werden Kalmengürtel genannt.

Kielholen. Grausame Strafe für Seeleute, bei der ein Delinquent an einem Tau unter dem Schiff durchgezogen wurde, bei schweren Vergehen – etwa wenn er einen Offizier geschlagen hatte – wurde die Prozedur zweimal wiederholt. Viele junge Seeleute kamen dabei ums Leben. Entweder ertranken sie oder sie wurden von scharfen Muscheln am Schiffsboden tödlich verletzt. Kielholen bedeutet auch, ein Schiff so weit auf die Seite zu legen, daß man einen Teil des Unterwasserschiffes besichtigen, reinigen, reparieren oder streichen kann.

Klüsen. Runde oder ovale Öffnungen in der Außenhaut, im Deck oder im Schanzkleid des Schiffes. Durch diese von Wülsten umgebenen Öffnungen wurden Ketten und Trossen nach Außenbords geführt, wenn das Schiff ankert (Ankerklüsen) oder am Kai festmacht.

Knoten. Maßeinhait für die Schiffsgeschwindigkeit, das heißt die Fahrt durch das Wasser. 1 Knoten entspricht einer Seemeile pro Stunde, das sind 1,852 Kilometer pro Stunde. Die Bezeichnung stammt von den Knoten in einer Leine, die man durch die Hand laufen ließ, um damit die Fahrt zu ermitteln, die das Schiff machte.

Koje. Bettähnliche Schlafstelle des Seemanns aus der Zeit, als »Komfort« seinen Einzug auf Schiffen hielt. Davor mußten sich die Fahrensleute mit Strohsack oder Hängematte begnügen.

Kombüse. Ursprünglich ein als Küchenraum dienender Bretterverschlag. Später bezeichneten die Seeleute mit Kombüse nur noch den Herd, auf dem das Essen bereitet wurde. Auf alten Großseglern stand der Kochherd an Deck. Später verlegte man ihn zum Schutz gegen die Sturzseen ins Mannschaftslogis.

Krängen. Die Krängung ist eine kurzzeitige Neigung des Schiffes nach einer Seite.

Labsalben. Das Tauwerk eines Schiffes zum Schutz gegen Witterung teeren. Es gab dafür verschiedene Rezepte. Das übliche war eine Mischung aus Kienteer und Tran. Auch Mixturen aus Talg, Bleiweiß und Hautöl wurden verwendet.

Last. Stauraum für Proviant, Tauwerk und andere Teile der Ausrüstung.

Lenzen. In das Schiff eingedrungenes Wasser herauspumpen.

Logbuch. Schiffsjournal. Ein durch das Handelsgesetzbuch vorgeschriebenes Tagebuch, das jede Schiffsleitung führen muß. Ins Logbuch sind alle Daten der Navigation (Kurse, Schiffsorte, Geschwindigkeiten, Kompaßkontrolle), der Meteorologie (Windrichtung, -stärke und Seegang, Temperatur, Luftdruck), bei Segelschiffen auch Angaben zur Segelführung sowie besondere Ereignisse (Kollisionen, Havarien) einzutragen. Bei einer Seeamtsverhandlung kann das Logbuch als Beweismittel herangezogen werden.

Luke. Öffnung im Schiffsdeck, durch die Ladung in Kisten und Ballen in den Laderaum hinabgelassen wird.

Luv und Lee. Luv ist die Windseite des Schiffes, Lee die dem Wind abgekehrte Seite.

Masttop. Der oberste Teil des Mastes, die Spitze des sich meistens verjüngenden oberen Teils.

Nagelbank. Starke Holzleiste etwa auf Deckshöhe. Die Leiste – meistens von der Stärke eines Balkens – hat senkrechte Löcher, in die lange Metallstäbe (Belegnägel) hineingeschoben werden. An ihnen werden lose Tauenden festgebunden.

Passat. Wind im »Passatring« beiderseits des Äquators. Der Passat weht ganzjährig und annähernd gleichmäßig in Richtung und Stärke. Durch die Erddrehung wird der Passat nach Osten abgelenkt, das heißt: Auf der Nordhalbkugel weht ein Nordost-Passat, auf der Südhalbkugel ein Südost-Passat.
Der Passat entsteht durch den äquatorialen Luftkreislauf. In den Tiefdruckgebieten (Kalmen und Mallungen) steigen tropische Luftmassen am Äquator auf und fließen in großen Höhen (Antipassat) bis etwa zum nördlichen und südlichen Wendekreis. In den dortigen Hochdruckgebieten (Roßbreiten) fällt die Luft und fließt als Passat zum Äquator zurück.

Reffen. Zeitweiliges Verkleinern der Segelfläche bei zunehmender Windgeschwindigkeit.

Reling. Offenes, aus senkrechten Stützen und waagerechten Handflächen bestehendes Geländer an der Deckskante. Die Reling schützt die Seeleute vor dem Überbordfallen.

Schäkel. Kleiner, unterschiedlich verschließbarer Bügel aus rostfreiem Material, Verbindungselement zwischen Teilen der Takelage.

Schanzkleid. Fest mit dem Deck verbundene Knie- bis hüfthohe Wand, die verhindern soll, daß »Mann über Bord« geht. Das Schanzkleid ist mit Wasserpforten versehen, um übergekommenes Spritzwasser schnell abfließen zu lassen.

Segelschwerpunkt. Geometrischer Schwerpunkt der gesamten Segelfläche oder der Punkt eines Einzelsegels, den man sich als Angriffspunkt aller auf den Körper wirkenden äußeren Kräfte vorstellen kann.

Skylight. Auch Ober- oder Deckslicht genannt. Waagerechtes oder leich schräg gestelltes, aufklappbares Fenster auf einem Glattdecker – einem Schiff, dessen Deck überall auf gleicher Ebene liegt. Das Skylight sorgt für Tageslicht in der Kajüte.

Skysegel. Auf einem Rahsegler das an der obersten Rah gesetzte Segel.

Spleißen. Fundamentale Fertigkeit der Seeleute auf Segelschiffen. Spleißen (oder splissen) bedeutet das Zusammenfügen zweier Leinen ohne Knoten, also sie miteinander zu verflechten. Die Verbindungsstelle bleibt fast unsichtbar, weil die Leinen aufgedreht und ihre einzelnen Garne miteinander verwickelt werden, und die Bruchstelle ist nicht schwächer als das übrige Tau.

Stag. Drahttauwerk, das den Mast in Längsrichtung hält. Das an einem Stag gesetzte Segel heißt Stagsegel.

Steuerbord. Rechte Seite des Schiffes. Die Bezeichnung stammt aus der Zeit, als das Steuerruder noch seitlich am oberen Bord stand (grüne Positionslampen). Die andere Seite, der der Steuermann den Rücken zudreht, wurde Backbord genannt (rote Lampen).

Steven. Balken, mit dem der Schiffsrumpf abschließt (vorn: Vordersteven, hinten: Achtersteven).

Takelage. Alles, was an Masten, Segeln und Tauwerk der Fortbewegung eines Segelschiffes dient. Die Takelung ist eines der auffälligsten Unterscheidungskriterien bei Segelschiffen.

Trimmen. Sachgerechtes Stauen einer Schiffsladung. Das Wort stammt von dem englischen *to trim* und bedeutet »etwas in die richtige Lage bringen«.

Typhon. Schiffssirene (verwandt mit dem Wort *Taifun*).

»Vor dem Mast«. Bezog sich auf das Mannschaftslogis, das im Vorschiff untergebracht war. Im Gegensatz zu »achtern« die weniger repräsentative Seite eines Windjammers. Alte Fahrensleute beschrieben das Mannschaftslogis als eng und unbequem. Die Betten waren übereinander gebaut, in der Mitte stand die »Back« – ein fester Tisch – und davor zwei Bänke.

Vorschiff. Vorderer Schiffsteil. Aufenthals- und Wohnplatz der einfachen Matrosen.

Wache. Arbeitseinteilung auf einem Schiff im Vierstunden-Rhythmus. Der Turnus beginnt um 20 Uhr mit der »Abendwache«. Ihm folgt die »Mittelwache«, die von den Seeleuten – wegen der erforderlichen erhöhten Wachsamkeit – auch »Hundewache« genannt wird. Die Morgenwache dauert von 4 bis 8 Uhr. Es folgen die Vormittags-, Mittags- und Nachmittagswache.

Wanten. Starke Taue, die den Schiffsmast seitlich und nach hinten gegen den Druck der Segel halten. Sie haben geflochtene Quersprossen, auf denen die Seeleute in die Takellage klettern.

Kleiner Exkurs über die Takelage

In der spröden Sprache der Lexikon-Autoren ist die Takelage eine »Vorrichtung zum Anbringen und Handhaben der Segel auf einem Schiff«. Die beiden gängigen Takelarten sind Rahtakelung, bei der die Segel – vereinfacht gesagt – in ihrer senkrechten Mittelachse um den Mast gedreht werden, und Gaffeltakelung, bei der Mast und einer der beiden senkrechten Ränder des Segels die Drehachse bilden. Die Gaffeltakelung, auch Schonertakelung genannt, ist bei Segelmanövern leichter zu bedienen und deshalb zweckmäßiger für kleinere Schiffe.

Nach den verschiedenen Takelungen werden Großsegler bezeichnet. Die Sache wird dadurch kompliziert, daß nicht alle Masten eines Schiffes gleichmäßig getakelt sein müssen. Hat beispielsweise ein Viermaster ausschließlich rahgetakelte Masten, dann nennt man ihn Vollschiff oder Fregattschiff. Bei der »Passat« sind nur die drei vorderen Masten rahgetakelt, der hintere hat Gaffelsegel. Man spricht in diesem Fall von einer Bark.

Die Takelage eines Großseglers zu verstehen, erfordert ein ganzes Seefahrerleben. Und die Geheimnisse der vielen tausend Meter Tauwerk zu ergründen, das sichere Gefühl für die Wechselwirkungen physikalischer Kräfte zu entwickeln, verlangt viel mehr: Den Mut, bei Sturm selbst einmal in die Wanten geklettert zu sein.

Für die Handelsschiffahrt war die »Passat« das letzte Segelschulschiff. Der Verzicht auf diese harte, aber von vielen erfahrenen Seeleuten für unverzichtbar erklärte Grundausbildung, die den jungen Seemann mit den Gewalten der Natur vertraut machen und ihm das Gefühl für die auf See lebensnotwendige Kameradschaft vermitteln soll, hat in erster Linie finanzielle Gründe.

So bleibt denn dem seemännischen Nachwuchs das Wissen um die Geheimnisse der Takelage weitgehend verborgen, und er kann es sich ersparen, Vokabeln wie »Kreuzoberbrambraß«, »Voroberbrampardunen« und »oberes Besanstengestag« zu lernen. Über den Daumen gerechnet, gibt es rund 170 derartige Begriffe, die bei einer Fünfmastbark einzelne Teile der Takelage bezeichnen.

Bei einem Viermaster wie der »Passat« sind es ein paar weniger, aber immer noch genug, um in Verwirrung zu geraten. Versuchen wir eine kleine Lektion, einen Anfängerkursus gewissermaßen, um dahinterzukommen, daß der Aufbau der Takelage eigentlich ganz logisch ist.

Die drei Kategorien, die wir zunächst unterscheiden müssen, sind Rundhölzer, Segel und Tauwerk.

Beginnen wir bei dem auffälligsten und stabilsten, den Rundhölzern, die jeder kennt: bei den Masten. Rund»holz« ist dabei eine irreführende Bezeichnung; denn Großsegler der jüngeren Generation haben meistens Stahlmasten – wie ja auch ihr Rumpf seit dem Ende des vergangenen Jahrhunderts nur selten aus Holz gebaut wurde.

Für die Bezeichnung der Masten gibt es ein festes Schema. Der vorderste trägt den Namen Fockmast, ihm folgen Großmast, Kreuzmast und Besanmast. Bei einem größeren Schiff – etwa bei dem fünfmastigen Laeisz-Segler »Potosi« – stand zwischen Großmast und Kreuzmast noch ein Mittelmast. Das annähernd waagerecht liegende »Rundholz« am Bug des Seglers heißt zur

Hälfte »Bugspriet« und in seinem vorderen Teil »Klüverbaum«.

An jedem der drei vorderen, rahgetakelten Masten führte die »Passat« sechs Segel. Die Bezeichnungen der Segel sind auf dem ersten Blick etwas verwirrend. Nehmen wir nur den Großmast. Wer kann schon ohne weiteres das »Großoberbramsegel« vom »oberen Großbramsegel« unterscheiden? Das erste steht unterhalb der Mastspitze, das zweite darunter. Der Einfachheit halber nennen die Seeleute diese beiden höchsten Segel auch Royals. Die beiden mittleren heißen Bramsegel, und die größten am unteren Drittel des Mastes tragen die Bezeichnung Marssegel. Das gilt durchgehend für alle Segel an rahgetakelten Masten. Um sich genau verständigen zu können, muß jeweils der Name des Mastes hinzugefügt werden, also »oberes Kreuzmarssegel«, »oberes Großmarssegel« oder »oberes Vormarssegel«.

Aber wir hätten es nicht mit der christlichen Seefahrt zu tun, wenn es nicht einige bemerkenswerte Ausnahmen von der Regel gäbe. Und weil zumindest zwei der aus dem Rahmen fallenden Segelbezeichnungen dem Laien geläufig sind, sollen sie erwähnt werden: Das untere Segel am Fockmast heißt schlicht »Fock«, das am Großmast »Großsegel« und das am Kreuzmast aus unerfindlichen Gründen »Bagiensegel«.

Bleibt noch der bescheidene Besanmast, der letzte in der Reihe. Bei ihm ist die Sache verhältnismäßig einfach: Die »Passat« hatte einen Unterbesan, einen Oberbesan und das Besan-Topsegel.

Um nichts zu unterschlagen – auch wenn es unseren kleinen Exkurs etwas kompliziert macht – müssen wir noch einen Blick auf jene nicht allzu großen dreieckigen Segel werfen, die in Längsrichtung zwischen den Masten gespannt werden. Sie tragen die Bezeichnung Stagsegel und dienen der besseren Manövrierfähigkeit des Schiffes.

Das Tauwerk der Takelage wird nach »stehendem« und »laufendem Gut« unterschieden, also nach festen und beweglichen Teilen. Das feste Gut besteht aus Stahldraht und gibt der Takelage den erforderlichen Halt. Zu ihm gehören die Wanten, Stagen und Pardunen.

Die Wanten haben die Masten seitlich abzustützen und dienen den Matrosen zum Aufentern in den Mast. Sie verlaufen fächerförmig von der Bordwand zum Mast und sind durch dünne Leinen zu festen »Strickleitern« verbunden. Die Stagen (Einzahl: das Stag) geben den Masten Stabilität in der Längsrichtung, Pardunen dienen der Abstützung nach achtern.

Das durch Blöcke und über Rollen geführte laufende Gut (auch bewegliches Gut genannt) ist mit den Rundhölzern oder direkt mit Segeln verbunden. Mit seiner Hilfe werden die Segel gesetzt, geborgen und bedient. Die Takelage der »Passat« besteht aus 16 350 Metern Stahlseil und 6400 Metern Hanf- und Manila-Tauwerk. Die Segelfläche von insgesamt 4100 Quadratmetern verteilt sich auf 34 Segel.

Der Aufbau der Takelage richtet sich grundsätzlich nach der Rumpfform des Schiffes und nach den gewünschten Segeleigenschaften. 1908, also kurz von der Kiellegung der »Passat«, schrieb ein Schiffbauingenieur: »Bei den modernen Segelschiffen zeigt sich das Bestreben, die Takelage im allgemeinen gedrungen, kräftiger und niedriger als früher zu bauen, um die durch plötzliche Böen hervorgerufenen Schiffsverluste zu mindern. Man verzichtet auf sehr hohe Takelagen (die über den Oberbramsegeln noch je ein Royal, ein Sky-Segel oder Moon-Segel führten), gibt aber den Unterrahen größere Breite, vergrößert also die Untersegel und verlegt dadurch den Segelschwerpunkt der ganzen Takelage tiefer nach unten, wodurch das Schiff steifer wird, das heißt schwerer zum Kentern gebracht werden kann.«

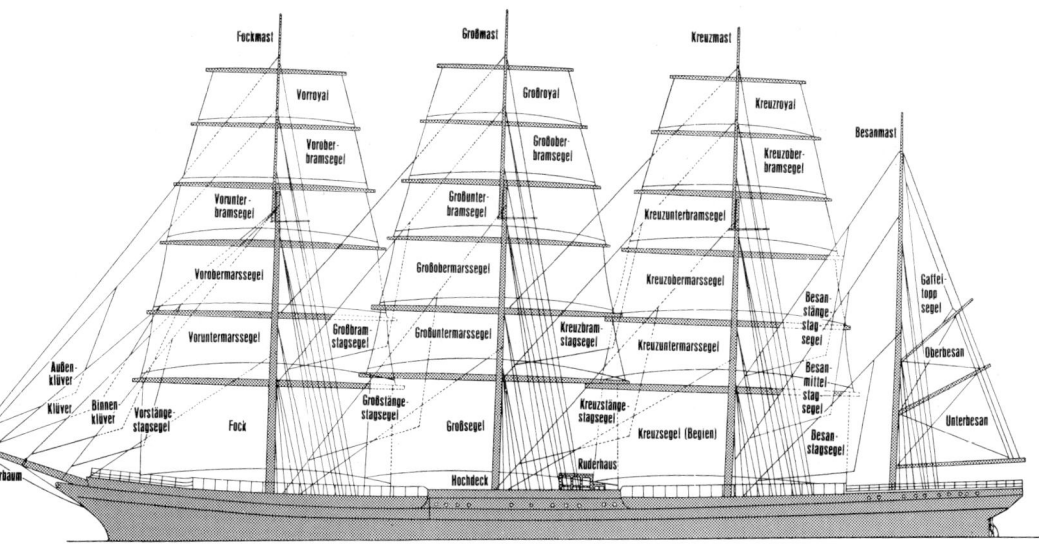

Aber nicht allein die Höhenlage des Segelschwerpunktes über die Wasserlinie ist wichtig für die Segeleigenschaften des Schiffes, sondern auch sein waagerechter Abstand von der Mitte des Schiffes. Ist die Takelage so gebaut, daß der Segelschwerpunkt zu weit nach vorn fällt, so wird bei seitlichem Wind der Bug des Schiffes nach Lee gedrängt, also weg vom Wind. Das Schiff ist in diesem Fall »leegierig«. Hat dagegen die Takelage der hinteren Schiffshälfte größere Fläche, dann liegt der Gesamtschwerpunkt zu weit nach hinten und der Bug des Schiffes wird nach Luv gedrängt, also mit der Nase zum Wind hin. »Luvgierig« nennt der Seemann ein Schiff, das so reagiert. Das eine wie das andere beeinflußt die Steuerfähigkeit des Seglers. Es beeinflußt aber auch seine Geschwindigkeit, weil der Tendenz, »auszubre-

chen«, ständig mit dem Ruder entgegengewirkt werden muß und damit Widerstand erzeugt wird.
Im Idealfall ist die Takelage so berechnet, daß der Segler eine geringe Luvgierigkeit behält. Beim Kreuzen gegen den Wind folgt es dann dem Ruder am besten und ist damit leichter zu steuern.
Die Takelage eines Windjammers ist alles andere als pflegeleicht. Seewind und Salzwasser greifen das stehende und laufende Gut stark an, und so müssen besonders die Drahtseile vor den zerstörerischen Gefahren der Korrosion geschützt werden. Sie gut zu »verpacken«, ist die sicherste Methode. Das klingt einfacher, als es in der Praxis ist. Zunächst müssen die Drahtseile vorbereitet werden. Früher wurden sie dazu mit Mennige oder Zinkweiß bestrichen. Auf See, wo

sich die Mannschaft oft mit Provisorien behelfen mußte, nahm man auch schon mal Tran, der allerdings bald ranzig wurde. Heute verwenden die Takelmeister säurefreies Öl, meistens Leinöl, aber auch Vaseline und Schmierfett.

Dann werden die Rillen zwischen den Kardeelen – das sind die einzelnen zu einem Kabeltau gedrehten Stränge – mit Hanfgarn ausgefüllt. Das Tau erhält dadurch eine glattere Oberfläche und außerdem werden die Kanäle verschlossen, in denen sich Feuchtigkeit sammeln könnte. »Trensen« nennt der Fachmann diese Arbeit.

Damit aber ist es noch nicht getan. Die Drahtseile müssen »gesmartet« werden. Sie bekommen dabei eine Art Unterwäsche angepaßt: Man schneidet Sackleinen oder altes Segeltuch in etwa zehn Zentimeter breite Streifen und wickelt sie um das Drahtseil. Das ganze wird dann zur Konservierung mit Kienteer durchtränkt.

Jetzt erst bekommt das Tau seine Außenhaut. Es wird mit Garn umwickelt, »bekleidet«, oder, wie es der Seemann nennt, gekleedet. Nach alter Seemannsart benutzt man dazu auch heute noch eine Kleedkeule, auf die das Garn aufgewickelt ist. Die Keule wird »Törn um Törn« um das Drahtseil herumbewegt, je nach Bedarf dicht oder weniger dicht, mit großer Spannung oder etwas loser.

Das Garn, mit dem das Tauwerk gekleedet wird, heißt übrigens Seemannsgarn. Das gibt es also tatsächlich, nicht nur als geflügeltes Wort in den meistens nicht ganz wahren Geschichten der alten Seebären . . .

Bücher zum Thema

Das große Buch der Passat
Text von Hans Domizlaff
Edition maritim
Hamburg, 1980

Hellmut Jebens
»Passat« im Novembersturm
Koehlers Verlagsgesellschaft
Herford, 4. Auflage 1977

Fritz Brustat-Naval
Windjammer auf großer Fahrt
W. Fischer-Verlag
Göttingen, 1973

Oliver E. Allen
Die Windjammer
Time-Life-Bücher
Amsterdam, Deutsche Ausgabe 1980

Stan Hugill
Windjammer-Lieder
Claasen Verlag
Düsseldorf, 1978

Konrad Reich / Martin Pagel
Himmelsbesen über weißen Hunden
Hoffmann und Campe
Hamburg, 1981

Konrad Tegtmeier
ABC der christlichen Seefahrt
Dr. Ernst Hauswedell & Co
Hamburg, ohne Datum

Joachim Schult
Segler-Lexikon
Verlag Delius & Co GmbH
Bielefeld, 1977

Fotonachweis: Blohm + Voss AG, Hamburg (2) – Bernt Federau, Hamburg (1) Harro Fiehn, Lübeck (5) – Franz Gaede, Lübeck (Umschlagrückseite, 2) Dr. Hellmut Jebens, Hamburg (2) – Hans Kripgans, Lübeck (8) Reinhard Nerlich, Hamburg (1) – Werner H. Peters, Rastatt (Umschlag, 13) Marianne Schmalz, Lübeck (2) – Werner Schmidt, Mülheim/Ruhr (1) Hans-Jürgen Wohlfahrt, Ratzeburg (1)

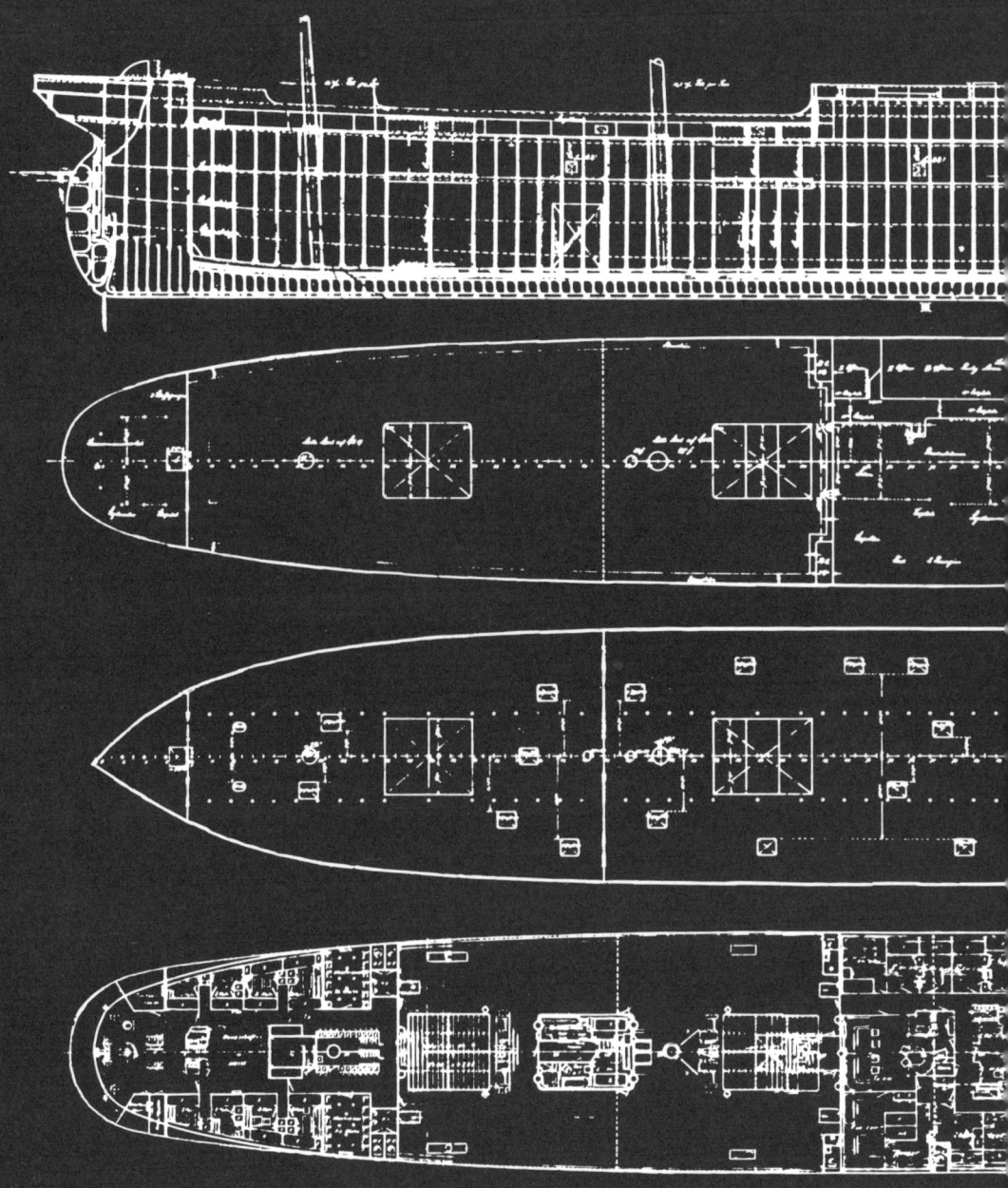